Die wahre Lehre Christi

Aus dem Französischen übersetzt
Originaltitel:
»Le véritable enseignement du Christ«

ISBN 978-3-89515-027-2

11. Auflage

Druck 2025: Interpress, Ungarn

Omraam Mikhaël Aïvanhov

Die wahre Lehre Christi

Reihe Izvor – Band 215

Da Omraam Mikhaël Aïvanhov seine Lehre ausschließlich mündlich überlieferte, wurden seine Bücher aus stenografischen Mitschriften, Tonband- und Videoaufnahmen seiner frei gehaltenen Vorträge erstellt.

INHALT

Omraam Mikhaël Aïvanhov im Jahr 1945

Vater unser,
der Du bist im Himmel,
geheiligt werde Dein Name,
Dein Reich komme,
Dein Wille geschehe
wie im Himmel so auf Erden.
Unser täglich Brot gib uns heute
und vergib uns unsere Schuld,
wie auch wir vergeben unseren Schuldigern.
Und führe uns nicht in Versuchung,
sondern erlöse uns von dem Bösen.
Denn Dein ist das Reich
und die Kraft
und die Herrlichkeit
in Ewigkeit,

Amen

Kapitel 1

»Vater unser, der Du bist im Himmel...«

Jesus hat seinen Schülern ein Gebet gegeben, das seitdem von allen Christen gesprochen wird. Es ist das Vaterunser oder auch »das Gebet des Herrn« genannt. In dieses Gebet hat er ein sehr altes von der Tradition überliefertes Wissen gelegt, das schon lange vor ihm existierte. Aber er hat es so stark zusammengefasst, dass es schwer in seiner ganzen Tiefe zu erfassen ist.

Ein Eingeweihter geht wie die Natur zu Werke. Seht einmal, wie sie in einem kleinen Kern oder Samen einen ganzen Baum mit Wurzeln, Stamm, Ästen, Blättern, Blüten und Früchten auf meisterhafte, großartige Weise kondensiert. Die ganze Pracht eines Baumes samt seiner Fähigkeit, Früchte zu tragen, lange zu leben, Unwettern zu widerstehen usw. ist in dem Samen verborgen, den man in den Boden legt. Jesus hat genau das Gleiche getan, als er sein ganzes Wissen im Vaterunser zusammengefasst hat; er hoffte, dass die Menschen, die es sprechen und darüber meditieren, es als Samen in ihre Seele legen, es begießen, schützen und aufblühen lassen, um diesen unermesslich großen Baum zu entdecken, das Einweihungswissen, das er uns hinterlassen hat.

Alle katholischen, protestantischen und orthodoxen Christen sprechen dieses Gebet, obwohl sie seinen Sinn nicht immer richtig verstehen. Manche finden sogar, dass es nicht besonders tiefsinnig und bedeutungsvoll ist, während sie mit ihren eigenen eindrucksvollen, poetischen, vollständigen und endlosen Dichtungen sehr zufrieden sind. Aber was steckt hinter diesen? Nichts Besonderes. Lasst uns also versuchen, die Bedeutung des Vaterunsers zu ergründen, obwohl wir nicht alles erwähnen können, weil dieses Thema zu umfangreich ist.

»Vater Unser, der Du bist im Himmel«. Es gibt einen Schöpfer, einen Herrn über Himmel und Erde und das ganze Universum. Wenn es heißt, dass Er im Himmel sei, weist dies darauf hin, dass es im Raum verschiedene Ebenen gibt, die die jüdische Tradition Kether, Chokmah, Binah, Chesed, Geburah, Tiphereth, Netzach, Hod, Jesod und Malkuth genannt hat. In diesen Bereichen wohnen unzählige Geschöpfe: Es sind die Engelshierarchien, angefangen bei den einfachen Engeln bis hin zu den Seraphin.[1]

In diesen zehn Himmeln (die die Kabbala Sephiroth nennt), wohnt der Gott, den Moses und die Propheten des Alten Testaments als verzehrendes Feuer und als strengen Herrscher beschrieben haben, den man nicht lieben konnte und sogar fürchten musste, denn »die Furcht des Herrn ist der Weisheit Anfang«, hieß es Später ist Jesus gekommen und hat Gott als unseren Vater dargestellt.

Jesus ist gekommen, um Furcht durch Liebe zu ersetzen. Anstatt einen schrecklichen Gott zu fürchten, darf der Mensch Ihn nun lieben. Er kann sich an Ihn schmiegen wie an einen Vater. Jesus hat Liebe und Sanftmut eingeführt. Der Herr ist wie ein Vater, dessen Söhne und Töchter alle Menschen sind. »Vater Unser, der Du bist im Himmel...« Wenn Er im Himmel ist, können auch wir im Himmel sein, denn wo der Vater ist, wird auch der Sohn eines Tages sein.[2] In diesen Worten liegt eine große Hoffnung, die Hoffnung auf eine erhabene Zukunft. Gott hat uns nach Seinem Bild erschaffen. Er ist unser Vater, und wir sind Seine Erben. Er wird uns Königreiche geben, Er wird uns Planeten zur Gestaltung überlassen, Er wird uns alles geben.*

* Siehe Kapitel 2 und 3.

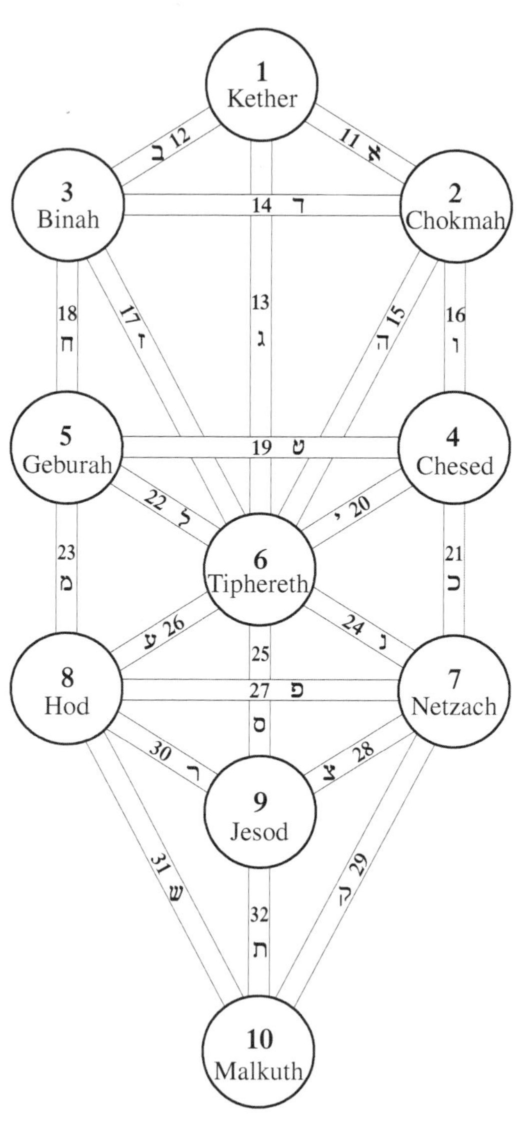
1
Kether
2
Chokmah
3
Binah
4
Chesed
5
Geburah
6
Tiphereth
7
Netzach
8
Hod
9
Jesod
10
Malkuth
11 א
12 ב
13 ג
14 ד
15 ה
16 ו
17 ז
18 ח
19 ט
20 י
21 כ
22 ל
23 מ
24 נ
25 ס
26 ע
27 פ
28 צ
29 ק
30 ר
31 ש
32 ת

LEBENSBAUM

»Geheiligt werde Dein Name.« Gott hat also einen Namen, den man kennen muss, um ihn heiligen zu können. Die Christen geben Gott keinen Namen. Sie nennen Ihn einfach Gott, das ist alles. Aber Jesus wusste als Erbe einer langen Tradition, dass Gott einen geheimnisvollen und unbekannten Namen hat. Als der Hohepriester einmal im Jahr diesen Namen im Heiligtum des Tempels in Jerusalem sprach, wurde seine Stimme absichtlich vom Lärm verschiedener Instrumente übertönt – Flöten, Trompeten, Tamburine, Zimbeln –, damit das vor dem Tempel versammelte Volk ihn nicht hörte. Von diesem Namen, der im Alten Testament Jahwe oder Jehova geschrieben wird, weiß man nur, dass er vier Buchstaben hat: Jod, He, Vau, He: יהוה*.

Die kabbalistische Tradition lehrt, dass der Name Gottes selbst aus 72 anderen Namen oder Kräften besteht. Um euch dies verständlicher zu machen, möchte ich noch einige Worte über die Darlegungen der Kabbala hinzufügen. Jeder Buchstabe des hebräischen Alphabets entspricht einer Zahl – und da

י= 10, ה= 5, ו= 6, ה= 5

ist, ergibt die Summe der vier Buchstaben 26. Wenn die Kabbalisten den Namen Gottes in ein Dreieck schreiben, stellen sie es folgendermaßen dar:

* Hebräisch liest man von rechts nach links.

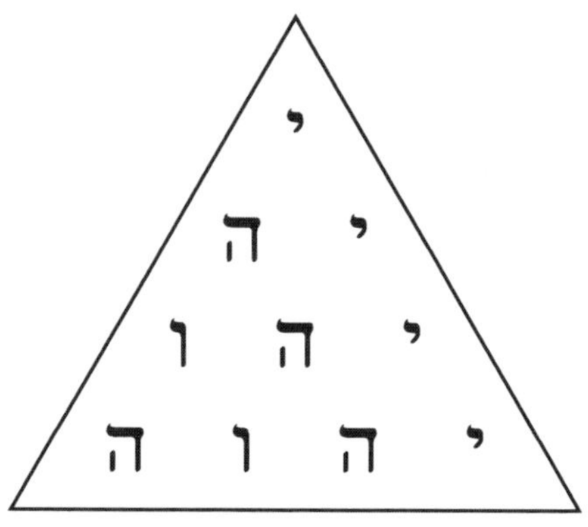

oder auch auf diese Weise:

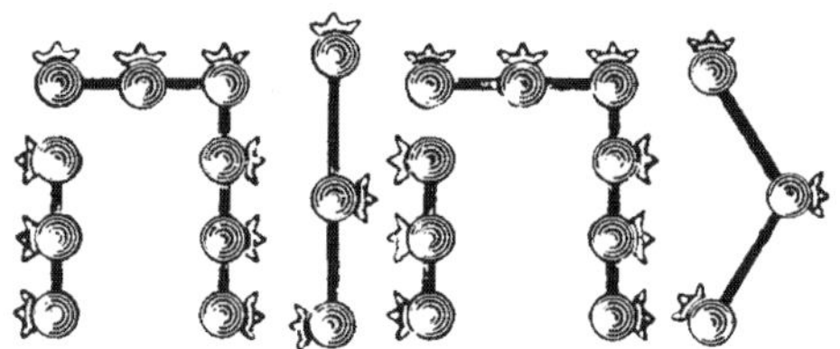

Der auf diese Art geschriebene Name enthält 24 Knoten, die die 24 Alten Weisen darstellen, von denen in der Offenbarung die Rede ist. Jedem Knoten entspringen drei Abzweigungen und alles zusammen ergibt 72.

Was bedeutet nun »Geheiligt werde Dein Name«? Wundert euch nicht, wenn ich zur Erklärung dieser Frage zunächst die vier Elemente zu Hilfe nehme: Erde, Wasser, Luft und Feuer, durch die die Welt erschaffen wurde. Unser

Körper, unser Herz, unser Verstand, unsere Seele und unser Geist sind mit den Kräften und guten Eigenschaften der vier Elemente verbunden. Jedes Element wird von einem Engel geleitet. Deshalb bittet ein Eingeweihter, wenn er sich läutern will, den Engel der Erde, die Unreinheiten seines physischen Körpers aufzunehmen, den Engel des Wassers, sein Herz zu waschen, den Engel der Luft, seinen Verstand zu reinigen und den Engel des Feuers, seine Seele und seinen Geist zu heiligen. Die Heiligung ist also mit der höchsten Welt der Seele und des Geistes verbunden, das heißt der Welt des Feuers und des Lichts.

Heiligkeit wird immer mit Licht verbunden. Dies verdeutlicht übrigens die bulgarische Sprache. Auf Bulgarisch heißt heilig »svetia«. Dieses Wort hat die gleiche Wurzel wie svetlina, das Licht. Der Heilige (svetia) ist ein Mensch, der das Licht (svetlina) besitzt. In ihm glänzt, leuchtet und strahlt alles. Werden nicht auch Heilige immer mit einem Heiligenschein dargestellt? Heiligkeit ist also eine Eigenschaft des Lichts, des reinen Lichts, das im Geist strahlt.

Nur das Reine vermag zu reinigen, und nur das Heilige kann heiligen. Folglich ist nur das Licht imstande zu heiligen, da es selbst die Heiligkeit ist. Wir müssen also im höchsten Licht unseres Geistes den Namen Gottes heiligen. Der Name ist ein Symbol, eine Zusammenfassung der Wesenheit, die ihn trägt. Er enthält das

Wesen seines Trägers. Wer den Namen Gottes ausspricht, indem er sich von der Heiligkeit des Lichts durchfluten lässt, der ist imstande, den Herrn anzuziehen, Ihn in alles einströmen zu lassen; dann kann er selbst alle Dinge, Wesen und Existenzen heiligen. Man darf sich nicht damit zufrieden geben, in der Kirche oder im Tempel zu sprechen: »Geheiligt werde Dein Name«, sondern man soll ihn tatsächlich in sich selbst heiligen, damit man die außergewöhnliche Freude erlebt, endlich alles, was man berührt, isst und betrachtet, mit Licht zu durchfluten.

Ja, die größte Freude auf der Welt liegt darin, diese tägliche Übung richtig zu verstehen und überall alles zu segnen, zu erhellen und zu heiligen. Erst dann erfüllt man das Gebot Christi. Wenn man aber nur die Worte wiederholt: »Geheiligt werde Dein Name«, ohne die Heiligung mit in seine Handlungen einzubeziehen, bedeutet dies, dass man nichts davon verstanden hat. Schon wenn der Mensch Gottes Namen ausspricht oder schreibt, verbindet er sich mit göttlichen Kräften und kann sie auf die physische Ebene herabziehen. Aber diese Arbeit beginnt im Kopf. »Geheiligt werde Dein Name« betrifft den Geist, die Gedankenwelt.

»Dein Reich komme« bedeutet, dass es ein Reich Gottes mit seinen eigenen Gesetzen, seiner Ordnung und seiner Harmonie gibt, wovon wir uns nicht einmal eine Vorstellung machen

können. Aber in den vom Geist durchlichteten Augenblicken unseres Lebens bekommen wir manchmal eine flüchtige Vision davon. Nur in einer hohen geistigen Verfassung beginnt man zu begreifen, was das Reich Gottes ist, denn mit dem Vorbild irdischer Bereiche, wo Unordnung, Schlägereien und Dummheiten herrschen, käme man nicht weit. Trotzdem kann das Reich Gottes auf der Erde verwirklicht werden; es gibt eine Lehre und Methoden dafür. Bitten allein reicht nicht aus. Seit 2000 Jahren bitten die Menschen, und es ist immer noch nicht da, weil man nichts für sein Kommen tut.

Mit dieser zweiten Bitte: »Dein Reich komme«, steigen wir in den Bereich des Herzens hinab. Der Name Gottes soll in unserem Verstand geheiligt werden, doch sein Reich soll in unserem Herzen errichtet werden. Dieses Reich ist kein Ort, sondern eine innere Verfassung, in der sich das Gute, Großmütige und Selbstlose spiegelt. Von diesem Königreich sagte Jesus vor 2000 Jahren: »Das Himmelreich ist nahe.« Für einige traf dies zu, aber für die meisten Menschen ist es noch nicht gekommen und wird auch in 20 000 Jahren noch nicht da sein, wenn sie sich damit begnügen, es äußerlich zu erwarten, ohne dafür innerlich etwas zu tun. In Wirklichkeit ist das Himmelreich bereits für einige gekommen; für manche ist es im Kommen, und für andere wird es wer weiß wann kommen!

Nun kommen wir zur dritten Bitte, die am wenigsten verstanden wird, aber am wichtigsten ist! Sie ist eine Zusammenfassung der ganzen Einweihungswissenschaft: *»Dein Wille geschehe wie im Himmel also auch auf Erden«*. Im Himmel wird der Wille Gottes ständig und ohne Widerspruch ausgeführt. Die himmlischen Geschöpfe stehen mit Seinem Willen in völligem Einklang und totaler Harmonie, was bei den Menschen nicht der Fall ist. Deshalb hat Jesus diese Bitte formuliert, damit wir daran arbeiten, unseren Willen mit dem göttlichen zu harmonisieren. Diese Idee lässt sich durch alle möglichen Beispiele erklären, unter anderem durch einen Spiegel, der einen Gegenstand reflektiert oder durch sonst irgendein Gerät. Jedes Gerät hat einen Sender und einen Empfänger. Das empfangende Prinzip muss sich mit dem aussendenden in Einklang bringen, sich anpassen und angleichen. Der Sender ist der Himmel und der Empfänger die Erde, d. h. die physische Ebene, die sich mit den Strömungen, den Formen, den Tugenden und Qualitäten des Himmels in Einklang bringen muss, um seine Herrlichkeit zu verwirklichen.

Die Menschen haben die Aufgabe, an der Erde zu arbeiten, damit sie sie in einen Garten voller Blumen und Früchte verwandeln, auf dass Gott in ihm wohne. Doch was machen sie? Manche sagen: »Ach, wisst ihr, die Erde bedeutet mir nichts!« Sie haben eben die Lehre Christi nicht verstanden! Obgleich sie doch so deutlich ist. Seht einmal, es heißt: »Dein Wille geschehe wie im Himmel also auch auf Erden!« Im Himmel ist bereits alles vollkommen, während es hier unten auf Erden nicht so wunderbar ist. Also muss man bewusst und kühn in die Materie hinabsteigen, um sie zu beherrschen, zu beleben und zu vergeistigen. Denn das Leben des Geistes soll sich auf der Erde ebenso vollkommen verwirklichen wie im Himmel.

Es liegt an uns – den Arbeitern Christi –, diese Aufgabe zu übernehmen. Es genügt nicht, das Gebet zu sprechen, wenn man dann durch seine Lebensweise dessen Verwirklichung verhindert. Man macht es oft wie jemand, der sagt: »Komm herein, komm herein!« und einem dann die Tür vor der Nase zuschlägt. Man betet und bittet, murmelt etwas dahin und zack! macht man die Tür zu. Es ist wirklich erstaunlich, dass man derart unbewusst sein kann! Und dann brüstet man sich nachher damit, ein Christ zu sein!

»Dein Wille geschehe wie im Himmel also auch auf Erden«. Dieser Satz enthält die ganze theurgische Magie. Wenn der Schüler die Bedeutung dieser Bitte Jesu begreift und es ihm gelingt, sie zu verwirklichen, wird er eines Tages ein Sender, ein Spiegel des Himmels sein. Er wird selbst ein Himmel sein. Dies steht geschrieben, und dies erwartet man von uns.

Die erste Bitte: »Geheiligt werde Dein Name« betrifft unser Denken. Um den Namen Gottes zu heiligen, müssen wir lernen, meditieren und unser Bewusstsein erweitern. Die zweite Bitte: »Dein Reich komme« bezieht sich auf unser Herz, denn das Reich Gottes kann nur in die Herzen eingehen, die voller Liebe sind. Die dritte Bitte betrifft unseren Willen: »Dein Wille geschehe wie im Himmel also auch auf Erden« setzt Arbeit, Widerstandskraft und Sieg voraus. Dazu braucht man Kraft und Ausdauer, und deshalb sollte man sich üben und Arbeitsmethoden verfolgen, die uns helfen, uns mit dem Himmel zu harmonisieren und mit ihm im Einklang zu schwingen. Was meint ihr, warum wir morgens den Sonnenaufgang betrachten? Wir wollen der Sonne gleichen, damit die Erde, das heißt unser physischer Körper, ihre Qualitäten erwirbt. Wenn der Mensch die Sonne mit Liebe betrachtet und mit ihr im Gleichklang schwingt, strahlt, erwärmt und belebt er selbst wie die Sonne![3] Dies ist also eine Methode, das Gebot »Dein Wille geschehe wie im Himmel also auch auf Erden« zu verwirklichen. Aber es gibt noch viele andere Übungen.

Für den Menschen gibt es nichts Wichtigeres als danach zu streben, Gottes Willen zu erfüllen. Dies ist nämlich eine magische Handlung. Wenn ihr euch entschließt, den Willen Gottes zu erfüllen, wird euer ganzes Wesen davon eingenommen und ausgefüllt. Dann seid ihr allen anderen

Einflüssen gegenüber verschlossen. Die widerstrebenden Willenskräfte können euch nicht benutzen, und somit bewahrt ihr eure Reinheit, eure Kraft und eure Freiheit. Wenn nicht der Herr von euch Besitz ergreift, werden es andere an Seiner Stelle tun; davon könnt ihr überzeugt sein, und dann seid ihr nachher allen möglichen eigennützigen und anarchistischen Wünschen ausgesetzt, die euer Verderben bedeuten.

»Vater unser, der Du bist im Himmel, geheiligt werde Dein Name, Dein Reich komme, Dein Wille geschehe, wie im Himmel also auch auf Erden...« All diese Bitten enthalten einen verborgenen Sinn, den nur der Wissende zu entdecken vermag. Wenn Archäologen sehr alte Manuskripte, Gegenstände oder Bauwerke erforschen wollen, versuchen sie aus den hinterlassenen Texten, Figuren oder Orten die Mentalität des Volkes oder die Epoche zu entschlüsseln. Mit Hilfe von Anhaltspunkten versetzen sie sich in die Denkweise dieser Zeit und erraten, was man damals aussagen wollte. Ebenso können wir auch das Gebet, das Jesus zurückgelassen hat, als eine Art Monument oder als Zeugnis betrachten, das bei näherer Nachforschung eine ganze verborgene Lehre enthüllt.

Die ersten drei Bitten des Vaterunsers entsprechen den drei Prinzipien im Menschen. Zunächst ein klares Denken, das alles erleuchten und heiligen soll, dann kommt das Fühlen, das

Herz, das Zentrum aller Energien, in dem das Reich Gottes, das heißt das Reich des Friedens und der Güte für alle Geschöpfe, errichtet werden soll; schließlich folgt das Wollen, das heißt die physische Ebene, auf der wir durch unsere eigenen Handlungen das Himmlische ausdrücken und wiedergeben sollen. Ach, das ist wunderbar! Für mich gibt es keine Aktivität, die sich mit dieser Arbeit vergleichen lässt. Wenn sie getan ist, wird Gott sich darum kümmern, was Er uns geben soll. Was aber könnte Er uns darüber hinaus noch geben? Er wird uns schon alles gegeben haben. Wenn man diese drei Bitten verwirklicht hat, besitzt man bereits alles: Licht, weil man alles versteht; Glück, weil man zu lieben vermag; Gesundheit und Kraft, weil man arbeitet und verwirklicht. Also, was wollt ihr noch mehr?*

»Unser täglich Brot gib uns heute.« Hier beginnen die Bitten, die den Menschen selbst betreffen. Die ersten drei Wünsche betrafen den Herrn (denn man soll immer mit Ihm beginnen): Seinen Namen kennen und heiligen, Sein Reich wünschen und Seinen Willen vollbringen. Nun erbittet der Mensch etwas für sich selbst, und zwar verlangt er als Erstes nach Brot. Warum Brot? Weil es die für sein Überleben unentbehrliche Nahrung symbolisiert.

* Siehe Kapitel 5.

Aber Jesus spricht nicht nur vom stofflichen Brot. In den Evangelien erwähnt er die Nahrung viel öfter im geistigen Sinne als im stofflichen. Als der Teufel ihn zum Beispiel aufforderte, Steine in Brot zu verwandeln, antwortete er: »Der Mensch lebt nicht vom Brot allein, sondern von einem jeden Wort, das aus dem Mund Gottes geht« (Mt 4,4). Oder auch als er sagte: »Selig sind, die da hungert und dürstet nach der Gerechtigkeit, denn sie sollen satt werden« (Mt 5,6). Gewiss, er hat fünf Brote und zwei Fische vermehrt, um eine Menschenmenge zu speisen, aber anschließend sagte er zu derselben Menge: »Mühet euch nicht um die Speise, die vergeht, sondern um die Speise, die fürs ewige Leben bleibt...«[4] Die Bedeutung der Speise als geistige Nahrung kommt während des Abendmahls noch klarer zum Ausdruck, als Jesus Brot und Wein segnet, seinen Jüngern gibt und spricht: »Nehmet und esset, das ist mein Leib... Nehmet und trinket, denn das ist mein Blut... Wer mein Fleisch isst und mein Blut trinkt, hat ewiges Leben...« (Mt 26,26-28 und Jh 6,54).

Die erste Bitte, die dem Menschen selbst gilt, betrifft das tägliche Brot, ohne das er nicht leben kann. Dies trifft aber auch für die geistigen Ebenen zu. Wenn der Mensch sich nicht jeden Tag geistig nährt, stirbt er.*

* Siehe Kapitel 6.

»Und vergib uns unsere Schuld, wie auch wir vergeben unseren Schuldigern.« (Eine genauere Übersetzung der Evangelien würde eher lauten: »Erlasse uns unsere Schuld, wie auch wir die Schuld unserer Schuldiger erlassen«). Jede Übertretung gleicht in Wirklichkeit einer Unehrlichkeit, für die man bezahlen muss. Wer zum Beispiel das Vertrauen oder die Liebe eines anderen missbraucht, gleicht einem Dieb, der das unrechtmäßig Angenommene so oder so zurückerstatten muss. Der Begriff »Karma« beruht auf der Wahrheit, dass wir auf die Erde zurückkehren, um für begangene Übertretungen in früheren Inkarnationen zu bezahlen.[5] Wer seine Schulden völlig bezahlt hat, braucht sich nicht wieder zu inkarnieren.

Egal ob man nun sagt: »Vergib uns unsere Schuld« oder »erlasse unsere Schuld«, der leitende Gedanke bleibt das Verzeihen. Hier taucht zum ersten Mal in der Geschichte der Menschheit die Vorstellung eines barmherzigen, verzeihenden Gottes auf. Der im Alten Testament von Moses dargestellte Gott sprach nur von Vergeltung und Vernichtung. Die Schuldigen wurden mitleidlos bestraft. Selbst wenn manche Götter anderer Religionen weniger rachsüchtig waren, bestand niemand so sehr auf der göttlichen Barmherzigkeit wie Jesus es tat. Die Idee eines verzeihenden Gottes ergibt sich logisch aus den ersten beiden Worten des Vaterunsers. Gott verzeiht uns, weil ein Vater seinen Kindern immer verzeiht.

Jesus präzisiert jedoch: »Vergib uns unsere Schuld, wie auch wir vergeben unseren Schuldigern.« Aber da wir die Schuld nicht erlassen und die Sünden nicht vergeben, erlässt der Herr leider auch nicht unsere Schulden und vergibt nicht unsere Sünden. Wenn uns verziehen werden soll, müssen wir erst einmal selbst verzeihen. Das Vergeben ist ein grundlegender Gedanke in der christlichen Religion.*

Jesus hat die Lehre der Liebe gebracht, während andere Religionsväter den Akzent auf Gerechtigkeit, Weisheit, Wissen und Macht legten. Ihr werdet mir jetzt natürlich sagen, dass Buddha Erbarmen lehrte. Das stimmt, aber keiner hat es in einem solchen Ausmaß und mit solcher Klarheit getan wie Jesus. In dieser Hinsicht war er wirklich außergewöhnlich. Und deshalb ist er gekreuzigt worden.

Indem er mit den einfachsten Menschen und sogar Verbrechern und Huren verkehrte, verstieß er gegen alle Vorschriften. So etwas hatte man noch nie gesehen: Er aß mit Leuten, die man hätte steinigen müssen. Er ließ sich von ihnen einladen und besuchte sie. Die Vertreter der sozialen Hierarchie konnten ihn deshalb nicht akzeptieren; und als sie erfuhren, dass er die heiligsten Wahrheiten den einfachsten Leuten zu enthüllen wagte, beschlossen sie, ihn zu töten. Jesus ist gekreuzigt worden, weil er mit seiner

* Siehe Kapitel 7 und 8.

Religion der Liebe alle Schranken umstieß, die gewisse selbstsüchtige Leute seit Jahrtausenden aufrechtzuerhalten versuchten.

»Und führe uns nicht in Versuchung, sondern erlöse uns von dem Bösen...« Ihr werdet sicherlich schockiert sein, wenn ich euch nun sage, dass ich nicht davon überzeugt bin, dass Jesus tatsächlich gesagt hat: »...und führe uns nicht in Versuchung«. Aber darauf kommen wir später zurück.

Begnügen wir uns im Augenblick mit der Feststellung, dass wir trotz dieses Gebets ständig versucht werden und dass sogar Jesus versucht wurde. Im Evangelium des hl. Matthäus heißt es: »Da wurde Jesus vom Geist in die Wüste geführt, damit er von dem Teufel versucht würde« (Mt 4,1). Wenn der Geist selbst ihn in die Wüste führte, damit er dort versucht werde, war diese Versuchung sicherlich notwendig. Der Teufel forderte Jesus heraus, indem er sagte: »Bist du Gottes Sohn, so gebiete, dass diese Steine Brot werden!« Dann versetzte er ihn auf die Zinne des Tempels und sprach: »Bist du Gottes Sohn, so stürze dich hinab, denn es steht geschrieben: Er wird seinen Engeln deinethalben Befehl geben, und sie werden dich auf den Händen tragen, damit du deinen Fuß nicht an einen Stein stoßest.« Anschließend führte er ihn auf die Höhe eines Berges, zeigte ihm alle Königreiche der Erde und sagte: »Dies alles will ich dir geben, wenn du dich niederwirfst und mich anbetest.«

Der Teufel machte Jesus drei Angebote, die einen ganz bestimmten Sinn hatten. Ich erklärte euch bereits, dass sie die drei Bereiche der physischen, der Astral- und der Mentalebene betrafen. Aber die Antworten die Jesus gab, sind noch viel interessanter.[6]

Sie zeigen, dass wir dem Versucher die richtigen Argumente und Antworten entgegenhalten müssen, damit wir den Versuchungen nicht erliegen. Wenn der Versucher erkennt, dass der Mensch sich ihm mit unwiderlegbaren Argumenten widersetzt, weiß er, dass er ihn nicht verführen kann und lässt ihn in Ruhe.

Ihr solltet wissen, dass es von euch selbst abhängt, einem Einfluss nachzugeben. Sogar die höllischen Geister können euch keinen Zwang auferlegen. Wenn ihr allerdings kein Unterscheidungsvermögen besitzt und keine Vorsichtsmaßnahmen trefft, können sie euch natürlich beeinflussen. Sie wissen genau, dass sie euch durch alle möglichen Reize in den Abgrund locken müssen. Wenn ihr an ihren Angelhaken anbeißt, geht ihr ihnen ins Netz, und dann führen sie euch langsam aber sicher ins Verderben. Gott hat ihnen die Macht dazu gegeben. Sie wirkt aber nur auf euch, wenn ihr schwach und unaufgeklärt seid. Sobald ihr dahin geht, wo sie euch hin haben wollen, üben sie eine ungeheure Macht auf euch aus. Sie können euch zu Staub machen, und die Schuldigen dabei seid ihr selbst. Sie sind so wie sie sind, sie dürfen die Menschen versuchen; das ist ihre Aufgabe. Aber warum seid ihr so dumm, dass ihr ihnen in die Falle geht?

Die Mächte des Bösen können den Menschen nur dann zerstören, wenn er selbst ihnen die Möglichkeit dazu gewährt. Alles hängt von ihm selbst ab. Wenn er sie nicht in sich eindringen lässt, können sie ihm nichts anhaben. Ihre Macht liegt darin, den Menschen überzeugen zu können, dass er viel stärker, reicher und glücklicher wäre, wenn er dieses oder jenes täte. Wenn er darauf eingeht, können sie ihn greifen und vernichten. Solange er sich aber nicht darauf einlässt, können sie nichts gegen ihn unternehmen. Wenn es darum geht, nein zu sagen, einen Einfluss abzulehnen oder sich ihm zu widersetzen, ist der Mensch genauso mächtig wie der Herr. Es ist viel schwieriger, seinen eigenen Willen durchzusetzen und seine eigenen Wünsche zu erfüllen. Dies erfordert viel Zeit und Arbeit, denn die menschlichen Fähigkeiten sind sehr begrenzt. Aber im Ablehnen und Neinsagen ist der Mensch allmächtig, da kann sogar die Hölle nichts erreichen. Wenn er sich beeinflussen lässt, ist er dumm und weiß nicht, wo seine wahre Macht liegt.

In manchen Ländern, wie zum Beispiel in der Türkei, gibt es eine sehr eigentümliche Kampfart: Die Gegner sind fast nackt und völlig eingeölt. Sie können einander also schwer packen, weil sie sich gegenseitig wie Aale aus den Händen gleiten. Nun, mit negativen Geistern muss man genauso verfahren. Wenn ihr nein sagt, seid ihr »eingeölt«, und dann finden sie keinen Halt an euch. Aber wenn ihr – symbolisch gesprochen – Bänder an euch hängen lasst oder einen Strick um den Hals habt, klammern die bösen Geister sich daran fest, und ihr könnt euch nicht mehr befreien. Ihr seid gefesselt und erledigt. Ihr dürft also nichts an euch hängen lassen. Ihr müsst glatt sein, damit die Unerwünschten euch nicht packen können. Und »glatt sein« heißt, nein sagen zu können.

Wenn ihr einer Versuchung ausgesetzt seid, sagt: »Gewiss, das sieht lecker und verlockend aus, aber das ist nichts für mich. Ich will ein Weiser, ein Sohn Gottes werden. Ich lasse mich nicht verführen. Ich bin stärker als die Versuchung und kann sie überwinden.« Ihr dürft Versuchungen nicht als etwas Unangenehmes oder als Hindernis auf eurem Weg betrachten, sondern im Gegenteil als Stimulans, denn sie bewirken eure Festigung. Ein Weiser oder ein Eingeweihter umgeht keine Versuchung, er fordert sie sogar absichtlich heraus, um Selbstbeherrschung zu erlernen. Wer die Versuchungen meidet, wird ihnen früher oder später doch erliegen. Durch Davonlaufen kann man keine Probleme lösen.

Deshalb bin ich, wie gesagt, nicht davon überzeugt, dass Jesus wirklich gesagt haben soll: »Und führe uns nicht in Versuchung«. Denn man muss versucht werden, um seine wahren Möglichkeiten zu erkennen und stark zu werden. Die Versuchung gleicht einem zu lösenden Problem oder einer zu bestehenden Prüfung und dient dazu seine Fähigkeiten zu beweisen. Man sollte den Herrn nicht bitten, uns die Versuchungen zu ersparen, sondern uns zu helfen, ihnen nicht zu erliegen. Das Böse und die negativen Kräfte existieren nun einmal, und wir brauchen den Herrn gar nicht darum zu bitten, sie aus der Welt zu schaffen, denn das wird Er doch nicht tun. In der Offenbarung heißt es zwar, dass der Teufel am Ende der Zeiten in Feuer und Schwefel geworfen werden wird.[7] Aber bis dahin werden wir noch ständig mit dem Bösen konfrontiert werden. Und deshalb sollten wir lieber lernen, wie wir es einschätzen und wie wir mit ihm umgehen sollen.

Ergründen wir nun den letzten Satz: *»Denn Dein ist das Reich und die Kraft und die Herrlichkeit in Ewigkeit.«* Um diesen Satz zu begreifen, müssen wir wieder auf die verschiedenen geistigen Ebenen zurückkommen, von denen ich am Anfang sprach. Jesus nennt diese Bereiche »Himmel« und die Kabbala »Sephiroth«. Die zehn Sephiroth bilden den Sephirothbaum oder den Baum des Lebens.

Der Name jeder Sephira drückt eine Eigenschaft, ein Attribut Gottes aus: Kether die Krone, Chokmah die Weisheit, Binah die Vernunft, Chesed die Barmherzigkeit, Geburah die Kraft, Tiphereth die Schönheit, Netzach den Sieg, Hod die Herrlichkeit, Jesod die Grundlage, Malkuth das Reich. Die zehnte Sephira, Malkuth (das Reich) reflektiert und fasst alle anderen Sephiroth zusammen[8] (siehe Abbildung auf der nächsten Seite).

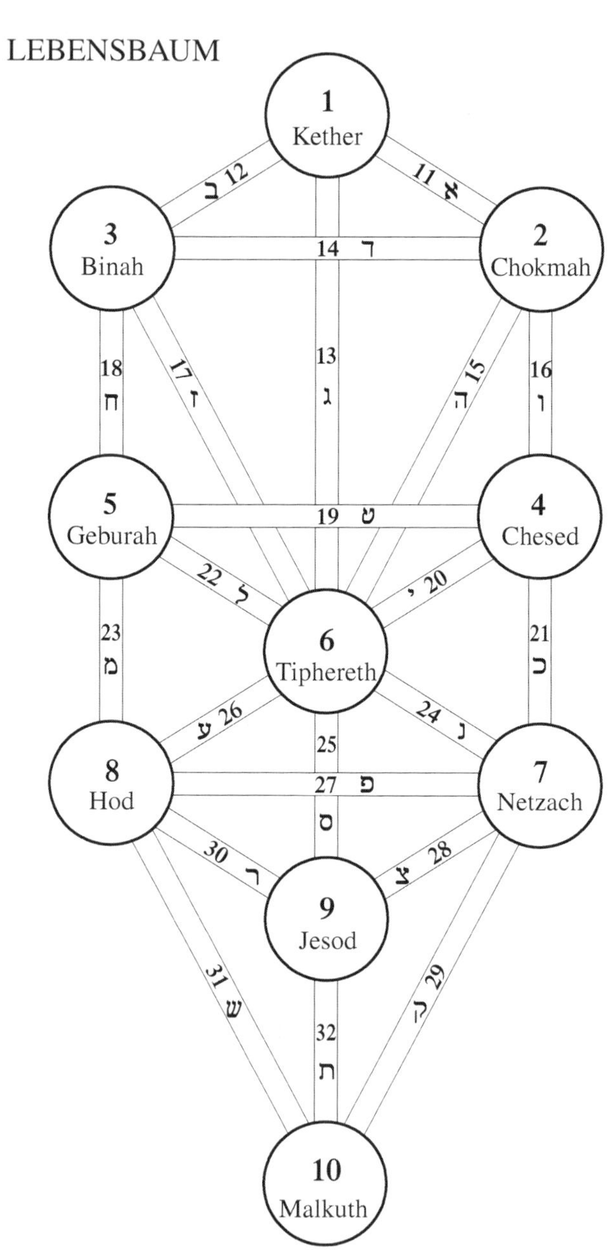

LEBENSBAUM
1
Kether
2
Chokmah
3
Binah
4
Chesed
5
Geburah
6
Tiphereth
7
Netzach
8
Hod
9
Jesod
10
Malkuth
11 א
12 ב
13 ג
14 ד
15 ה
16 ו
17 ז
18 ח
19 ט
20 י
21 כ
22 ל
23 מ
24 נ
25 ס
26 ע
27 פ
28 צ
29 ק
30 ר
31 ש
32 ת

1 Ehjeh
Kether – Krone
Metatron
Chajoth ha-Kadosch – Seraphin
Reschith ha-Galgalim – Urwirbel (Neptun)

3 Jehova
Binah – Vernunft
Zaphkiel
Aralim – Throne
Schabtai – Saturn

2 Jah
Chokmah – Weisheit
Rasiel
Ophanim – Cherubin
Masaloth – Tierkreis

5 Elohim Gibbor
Geburah – Kraft
Kamael
Seraphim – Mächte
Maadim – Mars

4 El
Chesed – Barmherzigkeit
Zadkiel
Chaschmalim – Herrschaften
Zedek – Jupiter

8 Elohim Zebaoth
Hod – Herrlichkeit
Raphael
Bnei-Elohim – Erzengel
Kochab – Merkur

7 Jehova Zebaoth
Netzach – Sieg
Chaniel
Elohim – Fürstentümer
Nogah – Venus

9 Schaddai El Chai
Jesod – Grundlage
Gabriel
Cherubim – Engel
Levana – Mond

6 Eloha va-Daath
Tiphereth – Schönheit
Michael
Malachim – Himmelskräfte
Schemesch – Sonne

10 Adonai-Melek
Malkuth – Reich
Uriel oder Sandalfon
Ischim – die Vollendeten
Aretz – Erde

Jesus sagt: »Das Reich Gottes gleicht einem Senfkorn.« Ein Same bedeutet immer einen Ausgangspunkt: Ausgangspunkt einer Pflanze, eines Baumes usw. Man muss aber wissen, dass zwar der Anfang auf physischer Ebene unten ist, er auf geistiger Ebene, wo die Vorgänge sich gegensätzlich zur physischen Ebene abspielen, aber oben ist. Während das Wachstum auf physischer Ebene von unten nach oben verläuft, verläuft es auf geistiger Ebene von oben nach unten. Die erste Sephira, Kether, ist also der Same. Ein keimender Same teilt sich zunächst in zwei, und dann entwickelt er sich zu einem Stamm, bekommt Äste, Blätter, Knospen, Blüten und Früchte. Die Früchte tragen ihrerseits wiederum den Samen in sich. Der eingepflanzte Same, Kether, wächst zum Baum heran. Auf dem Weg seiner Entfaltung durchwächst er alle anderen Sephiroth bis zu Malkuth. Die reife, Leben spendende Frucht, die das Fruchtfleisch schenkt, ist Jesod. Jesod trägt den Samen. Ihr seht also, dass der eingepflanzte Same am Ende seines Wachstums wieder zum Samen in der Frucht wird. Unten ist der Same Malkuth, genauso wie oben der Same Kether ist, da der Anfang und das Ende der Dinge immer identisch sind. Jeder Ausgangspunkt ist nichts anderes als das Endergebnis einer vorherigen Entwicklung und jedes Endergebnis ist der Ausgangspunkt einer neuen Entwicklung. Alles hat einen Anfang und ein Ende. Jede Ursache hat eine Folge, und diese Folge ist wiederum die Ursache einer neuen Folge.

In dem Satz: »Denn Dein ist das Reich und die Kraft und die Herrlichkeit« entsprechen das Reich, die Kraft und die Herrlichkeit den letzten drei Sephiroth: Malkuth, Jesod und Hod.

Das Reich ist Malkuth, das Reich Gottes, die Verwirklichung, und dort befindet sich unsere Erde.

Die Kraft ist Jesod. Jesod bedeutet Fundament oder Basis. Diese Sephira beruht auf der Reinheit, denn die Reinheit ist der wahre Grundstein aller Dinge. Auch die Sexualkraft ist mit Jesod verbunden, denn in ihr liegt die wahre Macht. Sie gibt das Leben und auf höherer Ebene verstanden gehen auch von ihr die größten Realisationen aus. Jesod entspricht dem Mond.

Die Herrlichkeit ist Hod, das Licht, das allem Wissen und allen Kenntnissen strahlend entspringt. Der entsprechende Planet ist Merkur.

Der letzte Satz des Vaterunsers bedeutet demnach: »Denn Dein sind die drei Bereiche der Verwirklichung, die am Ende des Wachstums von Kether bis Malkuth stehen.« Das Reich, die Kraft und die Herrlichkeit bilden ein Dreieck, das eine Wiederholung des Dreiecks des Ausgangspunktes ist: »Geheiligt werde Dein Name, Dein Reich komme, Dein Wille geschehe.« Der Name, das Reich und der Wille bilden die Sephiroth Kether, Chokmah und Binah. Also entspricht dem oberen Dreieck (Kether, Chokmah und Binah), das die Schöpfung in der unsichtbaren, geistigen Welt darstellt, das untere Dreieck (Malkuth, Jesod und Hod), das die Konkretisierung, die Formgebung und die Verwirklichung auf physischer Ebene darstellt... »In Ewigkeit« bezieht sich auf die Sephira Netzach, dessen Name »Ewigkeit« bedeutet.

Ihr werdet fragen: »Worauf beziehen sich nun die anderen Sephiroth: Tiphereth, Geburah und Chesed?« Das könnt ihr anhand der bereits gegebenen Methoden und Erklärungen durch Ableitung selbst herausfinden. Doch lasst uns der Reihe nach wieder auf die verschiedenen Verse zurückkommen, angefangen beim vierten. »Unser täglich Brot gib uns heute.« Das wahre tägliche Brot, die unversiegbare Quelle des Lebens, ist das Licht von Tiphereth. Tiphereth ist die Sephira, in der die Sonne herrscht, und von der Sonne erhält der Mensch sowohl seine physische als auch seine geistige Nahrung.*

»Vergib uns unsere Schuld, wie auch wir vergeben unseren Schuldigern.« Diese Bitte entspricht der Sephira Chesed, mit der wir uns verbinden, wenn wir diesen Satz aussprechen. Chesed entspricht dem Planeten Jupiter, Symbol von Nachsicht und Großmut. Wer verzeihen will, der muss das höhere Vertrauen Jupiters besitzen, dass niemand uns den Reichtum nehmen kann, den Gott für uns bestimmt hat.

* Siehe Kapitel 6.

»Und führe uns nicht in Versuchung, sondern erlöse uns von dem Bösen.« Diese Zeile entspricht der Sephira Geburah, die mit dem Planeten Mars verbunden ist. Die Engel von Geburah haben Adam und Eva aus dem Paradies vertrieben, nachdem sie sich von der Schlange versuchen ließen. Diese Engel sind die Diener Gottes und bekämpfen das Böse und Unreine. Wenn der Mensch sich mit Geburah verbindet, stärkt er sich und lernt selber, dem Bösen zu widerstehen.

Die folgende Abbildung veranschaulicht, wie die Sephiroth sich zu Dreiecken gruppieren lassen. Das obere Dreieck (Kether, Chokmah und Binah) entspricht der Welt der göttlichen Ausstrahlungen, die die Kabbala »Atziluth« nennt. Darunter befindet sich das umgekehrte Dreieck (Tiphereth, Chesed und Geburah), was der Welt der Schöpfung »Briah« entspricht. Noch weiter unten kommt das Dreieck (Jesod, Hod und Netzach) der Welt der Entstehung »Jetzirah«. Und schließlich stoßen wir auf Malkuth, die wie gesagt alle übrigen Sephiroth beinhaltet und der Welt der Realisierung »Assiah« entspricht.

Malkuth ist das Reich, Jesod die Kraft, Hod die Herrlichkeit und Netzach die Ewigkeit. Wenn man also den Satz spricht: »Denn Dein ist das Reich und die Kraft und die Herrlichkeit in Ewigkeit«, verbindet man sich mit den letzten vier Sephiroth des Lebensbaumes.

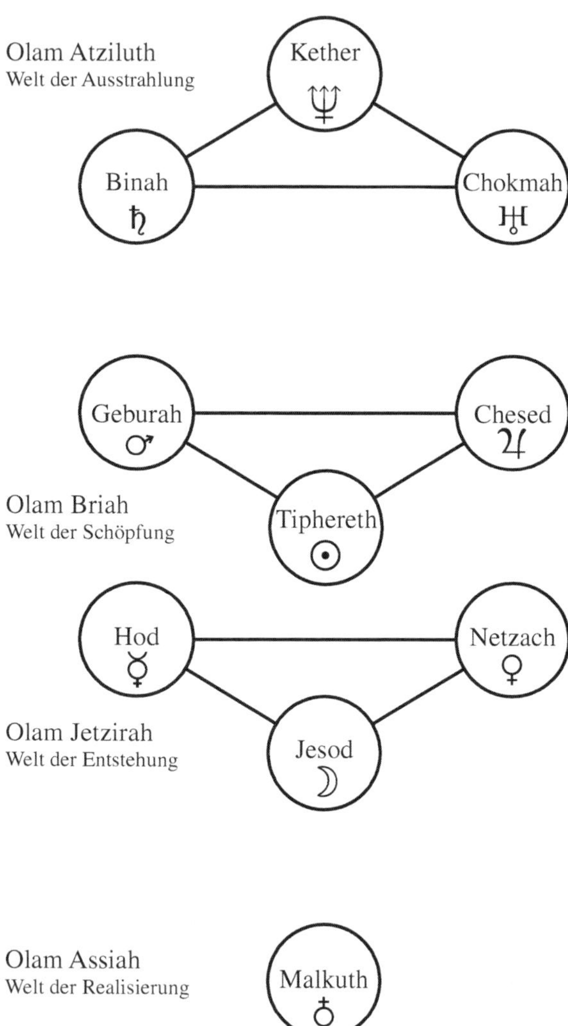

Die vier Welten im Lebensbaum

Erkennt ihr nun langsam, wie unendlich weitreichend dieses kurze und scheinbar einfache Gebet ist, das Jesus uns gegeben hat? Es umfasst das ganze Universum. Hier öffnen sich großartige Horizonte vor euch! Aber ich habe euch erst sehr wenig gesagt. Denkt also darüber nach, meditiert über diese wenigen Worte und ihr werdet Wunder entdecken.

Licht und Frieden seien mit euch!

Anmerkungen

1. Siehe Band 236 der Reihe Izvor »Weisheit aus der Kabbala – Der lebendige Strom zwischen Gott und Mensch«, Kapitel 2: »Darstellung des Lebensbaumes« und Kapitel 3: »Die Engelshierarchien«.
2. Siehe Band 238 der Reihe Izvor »Der Glaube versetzt Berge «, Kapitel 8: »Unsere göttliche Abstammung«.
3. Siehe Band 10 der Reihe Gesamtwerke »Sonnen Yoga – Surya-Yoga – Die Herrlichkeit von Tiphereth«.
4. Siehe Band 2 der Reihe Gesamtwerke »Die spirituelle Alchimie«, Kapitel 6: »Das Wunder von den zwei Fischen und den fünf Broten«.
5. Siehe Band 202 der Reihe Izvor »Der Mensch erobert sein Schicksal«, Kapitel 1: »Das Gesetz von Ursache und Wirkung«.
6. Siehe Band 210 der Reihe Izvor »Die Antwort auf das Böse«, Kapitel 6: »Die drei großen Versuchungen«.
7. Siehe Band 230 der Reihe Izvor »Die Himmlische Stadt – Kommentare zur Apokalypse«, Kapitel 11: »Erzengel Michael streckt den Drachen nieder« und Kapitel 15: »Der für tausend Jahre gefesselte Drache«.
8. Siehe Band 7 der Reihe Gesamtwerke »Die Reinheit, Grundlage geistiger Kraft«, Teil 1: »Wie die Reinheit zu verstehen ist«.

Kapitel 2

»Ich und der Vater sind eins«

Wenn man einen Blick auf die Geschichte der Religionen wirft, stellt man fest, dass Moses eine wahrhaft revolutionäre Idee verbreitet hat, als er Jahwe als den alleinigen Gott darstellte. Doch war dieser Gott Furcht erregend. Er stand als ein erbarmungsloser, unnachgiebiger Herr über dem Universum. Er war ein verzehrendes Feuer. Ihm gegenüber waren die Menschen nur furchtsame und zitternde Geschöpfe, die unter dem Druck der Todesstrafe Seine Gebote ausführen mussten. Später kam dann Jesus und stellte den Herrn als einen Vater dar, dessen Kinder wir sind. Die Entfernung, die uns von Ihm trennte, wurde dadurch vermindert. Wir waren mit Ihm sogar verwandt, und alles änderte sich. Aber wo hat sich wirklich etwas verändert? Ganz einfach in unserem Verstand, unserem Herzen, in unserem Innenleben. Wir fühlen uns Gott näher.

Ist es aber jetzt nicht an der Zeit, noch weiterzugehen? Solange ihr glaubt, der Herr sei mit seinen Engeln und Erzengeln irgendwo in einem

Bereich des Alls, den man den Himmel nennt, habt ihr eine objektive Vorstellung von Ihm: Er befindet sich außerhalb von euch. Auch wenn Er euer Vater ist und ihr Seine Söhne, bleibt Er außerhalb von euch. Gott mag wohl außerhalb des Menschen existieren, aber wenn der Mensch Ihn als etwas Äußerliches betrachtet, stößt er auf seine eigenen Begrenzungen und auf Hindernisse, die ihn von Ihm trennen. Er kann über die vielen Welten und Sterne und den unendlichen Raum hinweg nicht zu Ihm finden.[1]

Wenn wir den Herrn außerhalb unserer selbst glauben, heißt das, dass auch wir außerhalb von Ihm sind und dem gleichen Los unterworfen sind wie Gegenstände. Was passiert mit einem Gegenstand? Nehmt beispielsweise einen Landwirt, einen Handwerker oder einen Arbeiter, der Werkzeuge benutzt, die sich natürlich deutlich von ihm unterscheiden. Er verwendet sie einen Augenblick und legt sie nach beendeter Arbeit wieder beiseite. Am folgenden Tag oder noch später greift er wieder auf sie zurück. Für uns gilt das Gleiche. Solange wir glauben, außerhalb Gottes zu existieren, nimmt Gott uns von Zeit zu Zeit auf und lässt uns dann genauso wie einen Gegenstand wieder beiseite. Seht einmal, was der Töpfer mit seinen Krügen oder die Hausfrau mit ihren Töpfen macht. Was würden die Töpfe sagen, wenn sie ein Bewusstsein hätten? Sie würden klagen: »Unsere Herrin hat uns schon so lange im Stich gelassen! Als sie uns benutzte, wurden wir wenigstens erhitzt, der Löffel kratzte uns so angenehm, das war eine wahre Freude. Doch nun ist alles vorbei; sie hat uns vergessen und ist so böse und grausam zu uns!«

Ja, was meint ihr? Wenn wir für den Herrn wie Geschirr sind, ist es normal, dass er uns von Zeit zu Zeit vergisst, das können wir Ihm nicht verübeln. Würde ein Topf aus der Küche es wagen, euch Vorwürfe zu machen, dass ihr ihn nicht mehr braucht? Ihr seid Herr in eurem Haus und macht, was ihr wollt, das ist normal. Warum lehnt man sich also gegen den Herrn auf, wenn man sich im Stich gelassen fühlt? Das ist doch unlogisch und ungerecht... Sobald ihr aber Teil Seiner selbst seid, in Seinem Kopf oder Seinen Gliedern wohnt, seid ihr ständig bei Ihm. Andernfalls müsst ihr euch darauf gefasst machen, von Zeit zu Zeit beiseite gelassen zu werden.

Glaubt mir, bald wird sich vieles in der Philosophie und den religiösen Überzeugungen der Menschen ändern. Im Moment findet man es ganz normal und natürlich, dass zwischen einem selbst und Gott eine Entfernung besteht. Alle sind davon überzeugt, dass es so sein müsse. Aber warum klagen sie dann nachher, wenn sie die Folgen dieser Einstellung ertragen müssen?

Wie ich schon sagte, wird es in der Zukunft ein drittes Testament geben, das die beiden ersten vervollständigen wird. Es wird die folgende Wahrheit als das Wesentlichste unterstreichen und herausheben: Der Mensch muss lernen, sich

Gott so weit zu nähern, dass er Ihn in sich selbst wahrnimmt. In dem Moment wird er dann auch das Gefühl der Verlassenheit verlieren.

Wenn wir uns vom Herrn verlassen fühlen, haben wir Ihn in Wirklichkeit selbst verlassen. Sind wir immer bei Ihm? Gewiss, man hat seine erste Kommunion empfangen und einige Minuten zum Herrn gebetet, aber hat man seit dieser Zeit bis zum fünfzigsten, sechzigsten Lebensjahr je wieder an Ihn gedacht? Nein! Warum sollte Er also die ganze Zeit an uns denken? Wer sind wir schon? Für wen halten wir uns, dass der Herr sich dauernd um uns kümmern muss?

Der Herr denkt natürlich ständig an uns, aber ganz anders als wir es uns vorstellen! Das neugeborene Kind hat von der kosmischen Intelligenz alles bekommen, was es braucht, um auf der Erde zu leben. Ihm fehlt nichts. Es hat einen Kopf, Arme, Beine, Organe und alles andere. Es ist genau wie ein Soldat vollständig ausgerüstet auf die Erde geschickt worden. Einem Soldaten gibt man ein Gewehr, Stiefel, Helm, Munition, und dann ist er sich selbst überlassen. Auch wir haben vom Herrn alles erhalten, was wir brauchen: das Leben, Gesundheit, Kraft, Verstand und die Fähigkeit, all das zu bewahren. Und wenn wir mit all dem nicht umzugehen wissen, ist das unsere eigene Schuld.

Manche finden es respektvoller, die erlernte, vorgeschriebene Distanz zwischen Gott und sich selbst zu legen. Die Wahrheit hat abertausende von Abstufungen und jetzt ist es an der Zeit, einen Schritt weiter zu gehen. Man sollte denken, dass der Herr in uns gegenwärtig ist, und gleichzeitig sollte man sich selbst als einen Teil, als ein unendlich kleines Partikelchen von Ihm betrachten. Er ist das Ganze und wir sind ein Atom dieses Ganzen. Wie soll euer Gebet den Herrn erreichen, wenn ihr Ihn euch irgendwo jenseits der Sterne vorstellt? Ich habe zwar eines Tages gesagt, dass ein Gebet das ganze Universum durchreist, aber es dauert sehr lange, bis es den unendlichen Raum durchquert hat! Wenn der Herr dagegen in unmittelbarer Nähe, in euch selbst ist, braucht ihr nur zu sagen: »Hallo, hallo, lieber Gott!« und habt sofort eine Verbindung. Ihr meint, dass sei nicht gerade respektvoll? Nun, versteht mich richtig, das ist nur eine Redeweise.

Fortan solltet ihr euch in euren Meditationen darin üben, den Herrn in euch zu spüren. Als Resultat werdet ihr immer seltener den Eindruck von Verlassenheit haben. Bisher fühlt ihr eine Zeitlang Freude, ihr habt Inspirationen, lebt in Verzückung und seid glücklich; dann werdet ihr von einer schrecklichen Dürre heimgesucht, die alles versiegen und vertrocknen lässt. In einem solchen Augenblick sagt ihr: »Gott hat mich verlassen.«

Ich will euch ein Beispiel nennen: Es ist schönes Wetter. Die Sonne scheint. Aber dann bedeckt sich der Himmel und Wolken ziehen auf. Ihr würdet lieber im warmen Sonnenschein sitzen, aber das ist nicht möglich. Was tun? Ihr wartet und wartet und denkt: »Die Sonne hat mich verlassen.« Nein, das stimmt nicht! Ihr seid nur zu weit von ihr entfernt. Ihr befindet euch unterhalb der Wolken. Wenn ihr mit einem Flugzeug oder einem Ballon über die Wolken aufsteigt, kann sich nichts mehr zwischen euch und sie stellen. Sie ist immer noch da und scheint ohne Unterlass. Sie hat euch nicht im Stich gelassen. Wenn ihr euch verlassen glaubt, beweist das, dass ihr zu weit unter die Wolkendecke abgesunken seid. Wer jedoch immer fröhlich und inspiriert ist, der zeigt, dass er den Bereich der Wolken hinter sich zu lassen wusste. Für ihn scheint immer die Sonne, und er nimmt ihr Licht und ihre Wärme auf... Seht ihr, dies ist eine sehr einfache Erklärung.

Wenn das Gefühl der Verlassenheit von uns selbst abhängt, warum ändern wir dann nicht unsere Ansichten? Warum bleiben wir in einem so niederen Bereich, wo jeden Augenblick eine Wolke das Licht abfangen und uns die Freude und die Offenbarungen der Sonne nehmen kann? Warum bleiben wir dann so tief unten?

Genau hier liegt der Zweck der Einweihungslehre: Sie lehrt uns, uns weit über die Wolken zu erheben – dorthin, wo wir von nichts und niemandem abhängig sind, wo wir unangreifbar, unbesiegbar und unsterblich sind! Ja, man soll höher aufsteigen, sich immer weiter erheben. Man sollte seine Einstellung gegenüber dem Herrn ändern und sich Ihm so weit gedanklich nähern, dass Er innerlich gegenwärtig ist und man ständig von Seinem Wesen durchflutet ist.

Gewiss, es ist nicht einfach, den Herrn als etwas von uns Untrennbares zu begreifen. Aber es gibt Übungen, um dies zu erreichen. Der Schüler einer Einweihungslehre weiß, dass er sein Bewusstsein dem begrenzten Kreis seiner niederen Natur zu entziehen lernen muss, damit es mit dem unbegrenzten Bewusstsein dieser ihm unklaren kosmischen Wesenheit, die in ihm lebt, verschmilzt.[2] Ein Teil der göttlichen Wesenheit ist in ihm gegenwärtig, und er muss sich mit ihr vereinigen.

Ihr müsst wissen, dass es zwei Pole in euch gibt: euer irdisches Ich mit seinem Selbstbewusstsein – eure niedere Natur – und euer göttliches Ich, das in euch lebt und wirkt, dessen ihr euch aber noch nicht bewusst seid. Ihr wisst noch nicht, welche Arbeit es verrichtet, aber ihr könnt euch von hier unten vorstellen, dass dieses göttliche Wesen in euch wohnt und danach strebt, sich durch euch hindurch zu äußern und sich selbst durch die dichte Materie, die ihr darstellt zu erkennen. In den göttlichen Sphären kennt es sich, aber es will sich durch euch, durch die grobe Materie hindurch erkennen. Wenn ihr euch bemüht, euch die Verschmelzung mit eurem höheren Ich vorzustellen, wird euer Bewusstsein eines Tages so erleuchtet sein, dass es keine Grenzen mehr haben wird. Dann werdet ihr im Licht und in Verzückung leben und euch mit dieser göttlichen Wesenheit, eurem höheren Ich, eins fühlen.[3]

Dies ist zwar eine schwierige, aber sehr kraftvolle und wirksame Übung. Wenn ihr sie regelmäßig durchführt, werdet ihr große Ergebnisse erzielen. Euer höheres Bewusstsein ist bei allen Handlungen gegenwärtig, egal was ihr tut, denn ihr habt die Verbindung hergestellt. Solange ihr außerhalb Gottes bleibt, müsst ihr Seinen Reichtum entbehren. Er vermag euch Seine Schätze nicht zu geben, weil ihr und Er zwei verschiedene Welten seid, die nicht miteinander im Einklang schwingen und deshalb keine Verbindung zueinander haben können. Wenn ihr hingegen lernt, euch mit Ihm zu synchronisieren, gibt es keine Trennung mehr. Ihr fühlt, dass ihr nicht mehr der Gleiche seid, Gott selbst äußert sich durch euch. Das ist der Sinn der Worte Jesu: »Ich und der Vater sind eins« (Joh 10:30).

Natürlich kann nicht jeder diesen Gipfel erreichen. Das Gesetz des Schicksals bestimmt, ob es in diesem Leben möglich ist oder nicht. Aber wenn man in diese Richtung strebt, kann man sich von gewissen Begrenzungen lösen. Die Menschen wissen die von Gott gegebenen Mittel nicht anzuwenden. Gott hat uns die Fähigkeit gegeben, wie Er zu werden. Alle Wesen haben diese Fähigkeit, aber ihr augenblickliches Dasein hindert sie daran, diese Gelegenheit wahrzunehmen. Sie wissen und fühlen nichts von dieser Möglichkeit. Die meisten bleiben zu tief unten. Dennoch ist niemand total gebunden. Selbst stark begrenzte Geschöpfe können sich selbst übertreffen. Wenn sie ihren Blick und ihr Denken auf die von Gott bewohnten Bereiche lenken wollten, würden sie sich ihrer Möglichkeiten bewusst werden. Aber wer will sich schon ändern? Wie ich schon sagte, ist der Grund dafür natürlich sehr einfach: Es kommt darauf an, was für sie das Wichtigste ist. Wenn sie nur Geld und Vergnügen im Kopf haben und kein Platz für das Geistige bleibt, wie sollen sie dann vorankommen? Aber dem Menschen, der das Licht, die Liebe, die Schönheit und den Geist an erste Stelle setzt, ohne sich darum zu kümmern, ob er reich oder arm ist, ob er jeden Tag etwas zu essen hat oder nicht, ob er gut gekleidet ist oder in Lumpen gehen muss, ob er geehrt oder lächerlich gemacht wird, dem stehen alle Wege offen.

Anmerkungen

1. Siehe Band 238 der Reihe Izvor »Der Glaube versetzt Berge«, Kapitel 9: »Der Beweis für die Existenz Gottes ist in uns«.
2. Siehe Band 213 der Reihe Izvor »Die menschliche und göttliche Natur in uns«, Kapitel 4: »Über die Möglichkeit, den Begrenzungen der niederen Natur zu entgehen«.
3. Siehe Band 222 der Reihe Izvor »Die Psyche des Menschen«, Kapitel 13: » Das höhere Ich « und Band 238 »Der Glaube versetzt Berge«, Kapitel 10: »Die Identifikation mit Gott«.

Kapitel 3

»Seid vollkommen wie euer Vater im Himmel vollkommen ist...«

Teil 1

Die schlimmste Versklavung des Menschen rührt von dem Verlust des Wissens aller antiken Heiligtümer her, die lehrten, dass der Mensch ein Sohn Gottes ist. Als Jesus dem Volk diese große Wahrheit offenbarte, ist er gekreuzigt worden. Man hatte es nie zuvor gewagt, der Menge diese Wahrheit zu enthüllen; man fürchtete, sie befolge nicht mehr die Gebote der Pharisäer und Sadduzäer, wenn sie sich ihrer eigenen Größe bewusst würde. Christus war der größte Revolutionär unter den Boten Gottes. Er hat sich über alle früheren Gesetze hinweggesetzt; deshalb musste er seine wagemutige Behauptung, alle Menschen seien Söhne ein und desselben Vaters, am Kreuz büßen.

Schon im Alten Testament heißt es: »Ihr seid Götter«, aber diese Wahrheit wurde und wird auch heute noch absichtlich beiseite gelassen.

Dennoch liegt das Heil der Menschen in der Erkenntnis, dass sie alle Söhne desselben Vaters (Gott) und derselben Mutter (der Natur, der Universalseele) sind. Solange sie sich dessen nicht bewusst sind, erkennen sie nicht ihr eigenes wahres Wesen, verfehlen das Wesentliche und müssen natürlich leiden. Wer die göttliche Herkunft aller Menschen nicht akzeptiert und auch in sich selbst den göttlichen Ursprung nicht finden will, der muss leiden, denn er kann kein Glück finden, solange er die fundamentale Wahrheit über die göttliche Essenz des Menschen abstreitet.

Gott hat in den Menschen einen Keim, einen Samen, ein Modell der Vollkommenheit und Herrlichkeit hineingelegt. Diesem Samen müssen wir uns annähern, bis wir mit ihm eins geworden sind. Jesus sagte, um seine Jünger anzuspornen, dieses Ziel zu erreichen: »Darum sollt ihr vollkommen sein, gleichwie euer Vater im Himmel vollkommen ist.« Doch wie kann man genauso vollkommen werden wie der Himmlische Vater, wenn man gar nicht weiß, wie er ist? Schließlich hat man Ihn ja noch nie gesehen? In Wirklichkeit braucht man Ihn gar nicht gesehen zu haben. Wenn in jedem Geschöpf das Bild der Vollkommenheit des Himmlischen Vaters als Same vorhanden ist, und wenn ihr diesen Samen versorgt, begießt und belebt, nähert ihr euch allmählich Seiner Vollkommenheit. Ihr tragt die Prägung der göttlichen Vollkommenheit in euch. Aber man muss ein hohes Ideal haben, um diesen Samen zu nähren, zu stärken und zum Keimen zu bringen.[1]

Deshalb könnte man sagen, dass der Mensch mit einer Aufgabe auf die Welt gekommen ist. Aber versteht das Wort »Aufgabe« nicht falsch. Ganz gewöhnliche Durchschnittsmenschen bilden sich ein, eine Mission zu haben, obgleich sie weder besondere Fähigkeiten noch irgendeine Begabung haben. Sie setzen sich in den Kopf, dass der Himmel sie geschickt hat, um die Ordnung auf Erden wiederherzustellen. Und wenn man sieht, wie schwach und kümmerlich sie sind, kann man nur staunen! Gewiss, wir haben alle eine Aufgabe, nur sollten wir wissen welche. Wir müssen alle Keime guter Eigenschaften und Tugenden, die der Himmel uns gegeben hat, entwickeln. Es mag sein, dass der Himmel von Zeit zu Zeit ein Wesen für eine außerordentliche Mission erwählt, aber die kollektive Aufgabe der Menschen liegt darin, sich schrittweise bis zur Vollkommenheit zu entwickeln. Selbst wenn sie keine besonderen Fähigkeiten besitzen oder noch schwer und stumpf sind, müssen sie an ihrer Entwicklung und Vervollkommnung arbeiten. Leider sind viele für die falschen Missionen bereit – sie glauben, wie Jeanne d' Arc Frankreich retten zu können, während ihre wahre Aufgabe sie gar nicht interessiert. Nein, man sollte sich zunächst mit dem beschäftigen, was Gott allen Menschen aufgetragen hat: vollkommen zu werden wie Er selbst. Und da man dies in einer Existenz, die viel zu kurz ist, nicht erreichen kann, kommt man wieder auf die Erde zurück, um seine Arbeit fortzusetzen.

Als Jesus sagte: »Darum sollt ihr vollkommen sein, wie euer Vater im Himmel vollkommen ist« (Mt 5,48), setzte er die Reinkarnation voraus. Wie hätte er, der doch so weise und erleuchtet war, sonst von den Menschen fordern können, in einem einzigen Leben vollkommen zu werden? Entweder hätte er von der menschlichen Schwäche nichts gewusst oder er hätte von der Größe Gottes keine Vorstellung gehabt. Ohne die Voraussetzung der Reinkarnation wäre diese Anweisung unsinnig gewesen. Dagegen wird mit der Reinkarnation alles möglich und sinnvoll. Jesus hat nur deshalb Vollkommenheit von den Menschen verlangt, weil er wusste, dass die Vollkommenheit das Gesetz des ganzen Universums ist.[2]

Gott ist vollkommen, der Mensch nicht. Doch kann er es werden, denn am Anfang der Genesis steht geschrieben, dass Gott ihn nach Seinem Bilde erschaffen hat. Und Gott sprach: »Lasset uns Menschen machen, nach unserem Bilde, uns ähnlich! Die sollen herrschen über die Fische im Meer und die Vögel des Himmels, über das Vieh...« Und weiter unten: »Und Gott schuf den Menschen nach Seinem Bilde, nach Seinem Bilde schuf Er ihn.« Das Wort »Bild« wird wiederholt, während man den Begriff »ähnlich« nicht mehr antrifft. Warum? Und welcher Unterschied besteht zwischen Bild und Ähnlichkeit? Gott hatte also die Absicht, den Menschen nach Seinem Bilde und nach Seiner Ähnlichkeit zu schaffen; aber das tat Er nicht. Er hat ihn nur nach Seinem Bilde erschaffen, d. h. mit denselben Fähigkeiten, aber ohne ihm die Fülle dieser Fähigkeiten, die Ähnlichkeit zu verleihen.

Lasst uns zum besseren Verständnis das Beispiel einer Eichel aufgreifen. Sie ist das Ebenbild ihres Vaters, des Eichbaumes, das heißt sie hat die gleichen Leistungsfähigkeiten wie er, doch ähnelt sie ihm nicht. Seht einmal, wie verschieden sie sind. Erst wenn die Eichel eingepflanzt ist, wird sie wie ihr Vater, der Eichbaum, werden. Der Mensch ist das Ebenbild Gottes – d. h. er besitzt Weisheit, Liebe, Macht usw., jedoch unendlich viel weniger als der Herr. Wenn er sich im Laufe der Zeit voll entwickelt haben wird, wird er Ihm ähnlich und Seine Tugenden im ganzen Ausmaß besitzen werden. Ihr seht also, diese Entwicklung, der Übergang vom Bild zur Ähnlichkeit setzt den Gedanken der Reinkarnation voraus. Gott sagte: »Lasset uns Menschen machen nach unserem Bilde, uns ähnlich«, doch hat Er die »Ähnlichkeit« nicht verwirklicht. »Gott schuf den Menschen nach Seinem Bilde, nach dem Bilde Gottes schuf Er ihn.« Hinter dem fehlenden Wort »ähnlich« und der Wiederholung »Bild« verbarg Moses die Idee der Reinkarnation.

Ihr werdet sagen: »Aber es gibt keine Spur von dem Gedanken einer Reinkarnation in den Evangelien.« Nun, da irrt ihr euch. Sie ist natürlich nicht ausdrücklich erwähnt worden, aber für den, der die Evangelien richtig zu lesen weiß, ist sie ganz eindeutig.

Gehen wir nun auf gewisse Fragen und Antworten von Jesus und seinen Jüngern ein. Eines Tages fragte Jesus seine Jünger: »Was sagt man von mir, wer ich sei?« Was bedeutet denn diese Frage? Habt ihr schon mal jemanden fragen hören »was sagt man von mir, wer ich sei?« Und seht nur, was die Jünger antworteten: »Die einen sagen, du seist Johannes der Täufer, die anderen sagen, du seist Elia, und wieder andere meinen, du seist Jeremia oder einer der Propheten.« Wie kann man sagen, jemand sei dieser oder jener, der schon seit langem gestorben ist, wenn man nicht die Vorstellung der Reinkarnation mit einbezieht?

Ein ander Mal begegnen Jesus und die Jünger einem Menschen, der von Geburt an blind ist, und die Jünger fragen: »Rabbi, wer hat gesündigt, dieser Mann oder seine Eltern, dass er blind geboren wurde?« Wo hätte er vor seiner Geburt sündigen können? Im Leib seiner Mutter? Entweder war das eine dumme Frage oder sie impliziert, dass Jesus und seine Jünger von einem vorherigen Leben sprachen. Die Jünger fragten, ob es die Eltern waren, die gesündigt hatten; denn sie hatten im hebräischen Gesetz gelernt, dass jede Anomalie, jedes Gebrechen und jedes Unglück einer Gesetzübertretung zuzuschreiben ist. Aber man kann auch die Schuld eines anderen bezahlen, und deshalb weiß man bei einem vom Unglück betroffenen Menschen nie, ob er für das eigene Vergehen sühnt oder sich für einen anderen aufopfert.

Dieser Glaube war unter den Juden verbreitet. Alles Böse, was einem widerfahren kann, ist das Ergebnis einer Übertretung. Die Jünger stellten also diese Frage, weil sie wussten, dass ein Mensch nicht grundlos blind geboren werden kann. Oder nur weil es Gott gefiel, ihn blind zu machen, wie es sich die Christen vorstellen. Jesus antwortete: »Es hat weder dieser gesündigt noch seine Eltern, sondern es sollen die Werke Gottes offenbar werden an ihm« (Jh 9,3). Mit anderen Worten: damit ich ihm begegne, ihn heile und das Volk an mich glaubt. Die Menschen leiden aus zwei Gründen: Entweder haben sie gesündigt und werden bestraft oder ohne selbst Fehler gemacht zu haben, übernehmen sie das Karma anderer. Sie opfern sich, um sich zu entwickeln. Aber es gibt eine dritte Kategorie, die ihre Entwicklung abgeschlossen hat, frei ist und nicht wieder auf die Erde zurückkehren muss. Diese Menschen kommen oft auf die Erde herab und akzeptieren Krankheit, Leiden, Gebrechen und sogar Martyrium, um den Menschen zu helfen. Nun, dieser Blindgeborene gehörte der dritten Kategorie an.

Und falls ihr noch nicht überzeugt seid, habe ich noch weitere Argumente. Jesus erfährt eines Tages, dass Johannes ins Gefängnis gekommen ist, und im Text heißt es dann nur: »Als Jesus von der Gefangennahme des Johannes erfuhr, zog er sich nach Galiläa zurück.« Einige Zeit darauf wird Johannes auf Befehl des Herodes enthauptet. Nach seiner Verklärung fragen die Jünger Jesus: »Warum sagen die Schriftgelehrten, zuerst müsse Elia kommen?« (Mt 17,10). Und Jesus antwortet: »Elia soll freilich kommen und alles zurecht bringen. Doch ich sage euch: Elia ist schon gekommen, aber sie haben ihn nicht erkannt, sondern haben mit ihm getan, was sie wollten« (Mt 17,11-12). Dann heißt es weiter im Text: »Da verstanden die Jünger, dass er von Johannes dem Täufer sprach.« Daraus geht klar hervor, dass Johannes die Wiedergeburt von Elia war. Übrigens berichten die Evangelien auch, dass ein Engel Zacharias, dem Vater von Johannes, erschien, um ihm zu verkünden, dass seine Frau Elisabeth einen Jungen zur Welt bringen würde, und er sagte: »Und er wird vor ihm hergehen im Geist und in der Kraft Elias« (Lk 1,17).

Schauen wir uns nun einmal das Leben des Propheten Elia an, um herauszufinden, was er getan hat, dass er enthauptet wurde, als er sich später als Johannes der Täufer wieder inkarnierte. Das ist eine sehr interessante Geschichte. Elia lebte zur Zeit des Königs Ahab. Dieser hatte Isebel geheiratet, die Tochter des Königs von Sidon, und ihretwegen betete er Baal an. Elia ging nun hin zu König Ahab und machte ihm Vorwürfe wegen seiner Untreue gegenüber dem Gott Israels und sagte zu ihm: »Es soll diese Jahre weder Tau noch Regen kommen, es sei denn, ich sage es.« Dann ging er auf Weisung Gottes fort und versteckte sich in den Bergen, um so den Verfolgungen des Königs zu entgehen. Nach drei Jahren hatte die Trockenheit im ganzen Land eine große Dürre hinterlassen. Das Volk litt Hunger, und Gott sandte Elia erneut zu Ahab. Sobald der König ihn erblickte, warf er ihm zornig vor, an dieser Dürre schuld zu sein. »Nein«, entgegnete der Prophet, »die Schuld liegt bei dir, da du den Herrn verlassen hast, um dem Gott Baal zu dienen. Jetzt werden wir aber sehen, wer der wahre Gott ist. Befehle, dass alle Propheten des Baal sich auf dem Berg Karmel versammeln sollen.« So wurden alle Propheten zusammengerufen, und Elia sprach: »Bringt nun zwei Stiere herbei. Wir wollen zwei Altare errichten, einen für Baal und einen für den Herrn. Die Propheten sollen Baal anrufen, und ich werde den Herrn anrufen. Der Gott, der durch das Feuer antwortet, ist der wahre Gott.«

Die Propheten machten den Anfang; vom Morgen bis zum Mittag riefen sie ihren Gott an: »Baal... Baal... Baal... gib uns Antwort...« Aber es kam keine Antwort, und Elia spottete: »Ruft ein wenig lauter, damit er euch hört. Vielleicht ist er beschäftigt oder er ist unterwegs oder aber er schläft.« Die Propheten riefen noch lauter, und da sie auch Magie praktizierten, machten sie sich Einschnitte am Körper, weil sie hofften, durch das ausfließende Blut Larven und Elementargeister anzuziehen, die dann Feuer an den Altar bringen sollten. Aber es geschah nichts. Darauf sprach Elia: »Das ist nun genug; man bringe mir zwölf Steine.« Mit diesen Steinen baute er einen Altar, um den ein Graben gezogen wurde. Auf die Steine legte er Holz und auf den Holz den zerlegten Stier. Dann ließ er alles mit Wasser übergießen und füllte auch den Graben damit. Nun war alles bereit, und Elia rief den Herrn an: »Herr, Gott Abrahams, Isaaks und Israels, lass heute kundwerden, dass Du Gott in Israel bist, dass ich Dein Diener bin und dass ich alles nach Deinem Wort getan habe!« Und das Feuer fiel mit solcher Gewalt vom Himmel, dass es alles verzehrte. Es blieb weder etwas vom Opfertier übrig, noch vom Holz, von den Steinen oder vom Wasser. Das entsetzte Volk erkannte, dass der wahre Gott der Gott von Elia war. Darauf ließ Elia, den der Sieg wohl etwas zu stolz gemacht hatte, die vierhundertfünfzig Propheten des Baal zu einem Bach hinführen, wo er ihnen den Kopf abschlug.

Darum war damit zu rechnen, dass auch er einmal enthauptet würde. Denn es gibt ein Gesetz, das Jesus im Garten Gethsemane ausgesprochen hat, als Petrus sich auf den Diener des Kaiphas stürzte und ihm ein Ohr abschlug: »Stecke dein Schwert an seinen Ort! Denn wer das Schwert nimmt, der soll durchs Schwert umkommen« (Mt 26,52). Allerdings kann man in einem einzigen Leben nicht immer die Wahrheit dieser Worte erkennen. Denn gerade Elia, wie ist er gestorben? Nicht nur, dass er nicht umgebracht wurde, ihm wurde auch noch ein feuriger Wagen geschickt, mit dem er in den Himmel fuhr. Jedoch erhielt er die Strafe für seine Verfehlung, als er in der Person von Johannes dem Täufer wieder auf die Erde kam. Jesus wusste, wer er war und welches Schicksal ihn erwartete. Darum tat er nichts, um ihn zu retten, obwohl er über ihn Großartiges gesagt hatte: »Unter allen, die vom Weibe geboren sind, gibt es keinen, der größer ist als Johannes der Täufer.« Er hat nichts unternommen, weil die Gerechtigkeit ihren Lauf nehmen musste. Nun wird es klar, warum er das Land verließ, als er von seiner Gefangennahme erfuhr. Er durfte ihn nicht retten. Gesetz ist Gesetz.

Bis ins vierte Jahrhundert hinein glaubten die Christen an die Reinkarnation, so wie die Juden, die Ägypter, die Hindus, die Tibeter usw. Aber wahrscheinlich haben sich die Kirchenväter gesagt, dass dieser Glaube die Dinge nur in die Länge ziehen würde, denn damit hätten die Leute es wohl nicht eilig, sich zu bessern. Und indem sie nun den Glauben an die Reinkarnation abschafften, wollten sie die Menschen antreiben, die Vollkommenheit in einem einzigen Leben anzustreben. Im Übrigen hat sich die Kirche dann nach und nach derart schreckliche Dinge einfallen lassen, um die Menschen einzuschüchtern, dass man im Mittelalter nur noch an den Teufel, die Hölle und die ewige Verdammnis glaubte. Die Kirche hat also den Glauben an die Reinkarnation abgeschafft, weil sie meinte, sie könnte die Menschen auf diese Weise dazu bewegen, sich schneller zu bessern. Aber diese haben sich nicht nur keineswegs gebessert, sie sind sogar schlimmer geworden... und dazu auch noch unwissender! Darum muss man diesen Glauben nun wieder annehmen, denn sonst stimmt einfach nichts. Das Leben hat sonst keinen Sinn, der Herr ist ein Ungeheuer usw.

Aber schauen wir weiter. Ich werde euch nun zeigen, dass nichts, weder in der Religion noch im sonstigen Leben, ohne die Reinkarnation einen Sinn bekommt. Geht einmal hin zu Priestern und Pastoren und verlangt Folgendes: »Erklären Sie mir, warum der eine Mensch reich, schön, intelligent und stark ist, warum ihm alles gelingt, was er unternimmt, und warum ein anderer krank, hässlich, arm, heruntergekommen und dumm ist.« Sie werden euch antworten, das sei so der Wille Gottes. Bisweilen werden sie euch auch von Vorsehung und von Gnade etwas erzählen; aber das wird euch keine bessere Erklärung geben. Auf jeden Fall ist es der Wille

Gottes. Analysieren wir also diese Antwort. Da Gott uns ein wenig Hirnsubstanz mitgegeben hat, lassen wir die nicht einrosten!

Demnach hat Gott also Launen; Er macht, was Ihm gerade einfällt; Er gibt den einen alles und den anderen nichts? Gut, ich verstehe, Er ist Gott, es ist so Sein Wille. Das ist großartig, ich beuge mich. Aber dann finde ich es doch unverständlich, wenn Er nachher unzufrieden, zornig und gekränkt ist, wenn diejenigen, denen Er nichts Gutes gegeben hat, Verfehlungen begehen, böse, ungläubig und kriminell sind. Da es Gott ist, der den Menschen diese Mentalität, diesen Mangel an Intelligenz oder an Herzlichkeit mitgegeben hat, warum bestraft Er sie dann? Er, der Allmächtige, konnte Er sie nicht zu gutherzigen, ehrlichen, klugen, weisen, frommen, ja, einfach zu großartigen Menschen machen? Nun ist es nicht nur Seine Schuld, wenn sie Verbrechen begehen, nein, Er bestraft sie auch noch dafür! Also, da stimmt irgendwas nicht mehr. Er besitzt alle Macht, er tut, was Er will, meinetwegen, deswegen kann man Ihm keinen Vorwurf machen. Aber warum handelt Er dann nicht konsequenter, logischer und gerechter? Dann sollte Er doch die Menschen zumindest in Ruhe lassen. Aber nein, Er wirft sie für alle Ewigkeit in die Hölle![3] Und auch da, meine ich, passt etwas nicht zusammen. Ich würde sagen: »Wie lange haben sie gesündigt? Dreißig Jahre, vierzig Jahre? Gut, dann sollen sie auch vierzig Jahre in der Hölle bleiben, und nicht länger. Aber für alle Ewigkeit?!...« Also wirklich, da mache ich nicht mehr mit, damit bin ich nicht einverstanden. Überlegt doch einmal. Aber die Leute wagen es nicht zu überlegen, so sehr sind sie umwölkt von dem, was ihnen beigebracht wurde. Es scheint ja bald so, als sei es ein Verbrechen zu überlegen; und wofür ist dann die Intelligenz gut? Wenn Gott sie uns schon gegeben hat, was sollen wir dann damit anfangen?

Wenn man hingegen die Reinkarnation akzeptiert, wenn man sich mit dieser Anschauung näher befasst und sie versteht, dann ändert sich alles. Gott ist wirklich der größte, edelste und gerechteste Herr des Universums, und wir begreifen, dass es unser Fehler ist, falls wir arm, dumm und unglücklich sind, weil wir es nicht verstanden haben, alles, was Er uns ursprünglich mitgegeben hat, gut zu nutzen. Wir wollten kostspielige Erfahrungen machen. Und da Er, der Herr, großmütig und tolerant ist, hat Er uns gewähren lassen und sich gesagt: »Nun gut, sie werden leiden und sich den Kopf einrennen, aber das macht nichts. Ich werde ihnen weiterhin meine Schätze und meine Liebe schenken... und sie haben ja noch viele Inkarnationen vor sich. Sie sind meine Kinder und eines Tages werden sie wieder heimkehren.«

Nun versteht ihr den Sinn der Worte Jesu besser: »Darum sollt ihr vollkommen sein, gleichwie euer Vater im Himmel vollkommen ist.« Man hat dieses Gebot verworfen, weil es zu schwierig zu verwirklichen ist. Aber im Grunde dreht es sich nicht um die Frage, ob man es realisieren kann oder nicht, sondern darum, dass man es als ernstzunehmendes und erstrebenswertes Ideal annimmt. Ob und wann ihr es verwirklichen werdet, hängt nicht von euch ab und sollte euch auch gar nicht beschäftigen. Vielleicht hat es noch niemand erreicht, denn die göttliche Vollkommenheit liegt den Menschen so fern! Dennoch sollte man es wünschen und herbeisehnen, denn gerade das Streben danach erweckt eure Tugenden und guten Eigenschaften. Ihre Gegenwart und Wirksamkeit kommt euch selbst zugute und bringt euch Halt und Hilfe. Der Schöpfer hat den Menschen unsagbare Fähigkeiten gegeben, die aber nur durch das höchste Ideal ausgelöst und wirksam werden können. Ja, dieses Ideal setzt alles in Bewegung.

Anmerkungen

1. Siehe Band 241 der Reihe Izvor »Der Stein der Weisen – Von den Evangelien zur Alchimie«, Kapitel 13: »Die Entfaltung des göttlichen Keims«.
2. Siehe Band 202 der Reihe Izvor »Der Mensch erobert sein Schicksal«, Kapitel 8: »Die Reinkarnation«.
3. Siehe Band 209 der Reihe Izvor »Weihnachten und Ostern in der Einweihungslehre«, Kapitel 5: »Der Auferstehungsleib«.

Teil 2

Ein Same ist ein lebendiges Wesen, das unaufhörlich die Kräfte und Aufbaustoffe des Kosmos beansprucht, um seine Aufgabe zu erfüllen. Er hat die Aufgabe, dem Baum zu gleichen, der ihn hervorgebracht hat. Der Schöpfer hat dem Samen die Berufung gegeben, genauso zu werden wie sein Vater, der Baum. Sowie der Same eingepflanzt ist – vorausgesetzt, er ist intakt – entwickelt er sich im Sinne dieser Berufung, indem er aus seiner Umgebung nur die Elemente aufnimmt, die ihm entsprechen; auf diese Weise bringt er genau das zum Ausdruck, was in dem in ihm eingeprägten Schema vorhergesehen ist. Das Gleiche gilt für den Menschen. Da Gott den Menschen nach Seinem Bilde erschaffen hat, hat auch er die Möglichkeit, wie sein Himmlischer Vater zu werden, wenn er sich richtig entwickelt.

Was enthält ein Same? Wenn ihr ihn aufgeschnitten unter ein Mikroskop legt, könnt ihr kein Abbild des Baumes entdecken. Trotzdem entsteht aus diesem kleinen, unbedeutenden Samen, sobald er im Boden liegt, allmählich eine großartige Pflanze mit Wurzeln, Stamm, Blättern, Blüten und Früchten. Wenn ihr den Samen untersucht, findet ihr natürlich nirgends eine Spur von Ästen und Blättern, denn diese Prägungen haben eine ätherische Beschaffenheit. Nur der Einblick in die Welt des Äthers könnte euch die ganze Struktur des Baumes enthüllen, so wie er sich gemäß dieser oder jener Kraftlinie entwickeln wird.

Das Wachstum ist also eine Entwicklung, die nach einem gewissen Schema und bestimmten Kraftlinien abläuft, damit die entstehende Pflanze die gleichen Eigenschaften erwirbt wie die, aus der sie hervorgegangen ist: Form, Größe, Farbe, Geschmack, Duft und Eigenart. Das findet jeder ganz normal und natürlich, darüber braucht man gar nicht weiter nachzudenken oder sich Fragen zu stellen. Und trotzdem... ist das nicht etwas Großartiges? Aber das Großartigste ist, dass der Wachstumsvorgang des Samens uns das Geheimnis des Menschen offenbart. Auch der Mensch hat ein Schema in sich, nach dem sich seine ihm innewohnenden Kräfte ausdrücken und orientieren. Was nun dieses Schema ist und wie es zu verwirklichen ist, möchte ich euch jetzt erklären.

Wenn man irgendetwas bauen will, braucht man einen Entwurf oder einen Plan. Es gibt für jede Konstruktion immer jemanden, der einen Bauplan herstellt, also einen Architekten; außerdem braucht man Arbeiter, die das Werk ausführen und das entsprechende Material. Das Gleiche gilt für das Kind im Leib der Mutter. Es entwickelt sich nach einem bestimmten Schema, Plan oder Programm, das von den Herren des Schicksals festgelegt wird und der Lebensweise vorangegangener Inkarnationen entspricht. Die Mutter baut ihm nach diesem Plan ein »Haus«, das heißt einen Körper.

Wenn also ein Mensch auf die Welt kommt, hat er den Keim, der die Kraftlinien seines Schicksals enthält, in sich, genau wie jeder Same oder jedes Saatkorn in der Natur – also eine Ur-Prägung, die sich, sobald sie auf fruchtbaren Boden fällt, entfaltet und wächst. Das Wachstum der Pflanze vollzieht sich genau nach dieser Prägung, nach diesem Vorbild.

In Wirklichkeit entwickelt der Mensch sich nicht aus einem einzigen Keim, sondern aus sieben Keimen. Sie entsprechen den verschiedenen Leibern: Atman-, Buddhi-, Mental-, Astral-, Äther- und Physisleib. Diese Körper sind Sitz seines physischen Lebens (Physisleib), seines Gefühlslebens (Astralleib), seines Verstandes (Mentalleib) und seines geistigen Lebens (Kausal-, Buddhi- und Atmanleib). Im Laufe seines Abstiegs in die verschiedenen Sphären erhält er den jeweiligen Keim zur Entwicklung seiner verschiedenen Leiber, angefangen beim subtilsten, dem Atmanleib, bis hin zum grobstofflichsten, dem Physisleib.

Aber kommen wir wieder auf den Samen zurück. Manche Reisende haben in Indien Fakire gesehen, die zum Beispiel Mangokerne in kurzer Zeit zu einem Busch heranwachsen und Früchte tragen lassen, die sie dann an die Umstehenden verteilen. Dieses Phänomen erklärt sich dadurch, dass der Fakir mit einer Substanz arbeitet, die in Indien Akasha genannt wird. Diese im Raum verbreitete ätherische Substanz kann zur Beschleunigung des Wachstums der Pflanzen und zum Ausreifen der Früchte verwendet werden. Wer sich also auf die Akashakraft zu konzentrieren vermag, der kann einen Baum, der normalerweise Monate oder sogar Jahre dazu brauchen würde, in kurzer Zeit heranwachsen lassen.

Aber keiner der Denker, die sich mit diesem Phänomen befasst haben (ganz abgesehen von denen, die darin nur Schwindel sehen wollen), ist auf die Idee gekommen, dass der Mensch auf die gleiche Weise seine eigene Vervollkommnung beschleunigen kann. Der Mensch ist dazu berufen, die Vollkommenheit seines Himmlischen Vaters zu erreichen. Selbst wenn diese Entwicklung Jahrhunderte und Jahrtausende beansprucht, ist der Mensch so gestaltet, dass er die göttliche Vollkommenheit erreichen kann. Dies schreibt seine Struktur vor. In Wirklichkeit – aber davon weiß man nichts – kann er dies schon in einer einzigen Inkarnation erlangen. Ja, das ist möglich. Aber nur unter der Bedingung, dass er imstande ist, das Ebenbild Gottes in sich selbst zu finden, um mit der Akasha-Substanz, mit der kosmischen Elektrizität, die Hermes Trismegistos auf seiner Smaragdtafel »Telesma« nennt, auf es einzuwirken. Egal wie man diese Kraft nennt, es handelt sich immer um dieselbe ursprüngliche Kraft »die starke Kraft aller Kräfte«, wie sie Hermes Trismegistos auch noch nennt, die von der unerschöpflichen Quelle der Sonne ausgeht und verbreitet wird. Eine der Ausdrucksformen dieser Kraft ist die Liebe, die Liebe, die die Welten bewegt, und von der die sexuelle Liebe nur ein begrenzter Aspekt ist.

Seht ihr, hier liegt die wahre Wissenschaft, die nur wenige kennen. Mit Hilfe dieser Kraft kann man die Vollkommenheit erreichen, die bereits irgendwo in uns eingeprägt ist, genauso wie in einem Samen. Der Same sieht anders aus als der Baum, aber er enthält dessen Ebenbild. Sobald die Umweltbedingungen günstig sind, wird er ein Baum, weil nämlich die Gestalt des Baumes bereits irgendwo auf subtiler Ebene besteht, bevor sie sich im stofflichen, physischen Bereich konkretisiert. Der Same, also wir selbst sind dazu berufen, dem uns innewohnenden Bild unseres Himmlischen

Vaters mehr und mehr zu gleichen und mit Ihm im Einklang zu schwingen, damit wir Ihm gleich werden.

Dieses göttliche Bild kann man auch als unser höheres Ich betrachten, dem wir uns nähern müssen, um mit ihm eins zu werden, genau wie der kleine schwarze, glanzlose und unbedeutende Same zu einem riesigen, umfangreichen und starken Baum wird. Schaut euch einmal eine Eiche an: Am Anfang ist sie eine kleine belanglose Eichel, die gerade gut genug ist, um von den Schweinen gefressen zu werden. Jahre später wird aus ihr ein gewaltiger Baum, der den Wald schmückt. Sein Blattwerk reinigt die Atmosphäre, die Vögel bauen ihre Nester in seinen Zweigen, die Kinder hängen ihre Schaukeln in ihm auf, die Spaziergänger ruhen sich unter ihm aus, die Maler finden bei ihm Inspiration für ihre Bilder, die Bauern sammeln sein Holz auf, um damit Feuer zu machen. Ach, eine Eiche ist wirklich ein wunderbarer Baum! Und dennoch ist sie am Anfang so unbedeutend. Das Gleiche gilt für uns; wenn wir die phantastischen Mittel, die starke Kraft aller Kräfte anzuwenden wissen, um auf das in uns enthaltene göttliche Bild hinzuarbeiten, verwirklichen wir uns so, wie der Herr es für uns geplant hat.

Es heißt, dass Gott den Menschen nach seinem Bilde geschaffen hat, Ihm ähnlich. Wir tragen dieses Bild also in uns. Gott selbst hat es in uns hineingelegt und es liegt nun an uns, die

Ähnlichkeit mit Ihm anzustreben. Die einzig würdige Beschäftigung ist, darauf hinzuarbeiten, unserem Himmlischen Vater zu gleichen. Man sollte sich wenigstens in dieser Richtung bemühen, immer weitergehen und immer höher aufsteigen, um die Dinge aus einer anderen Perspektive, in ihrer wahren Größe und Herrlichkeit wahrzunehmen.

Ja, Gott schuf den Menschen nach Seinem Bilde, und dieses Bild befindet sich im Keim des Atmanleibes. Das Gottesbild im Menschen befindet sich nicht auf physischer, astraler oder mentaler Ebene, denn sonst müsste man daraus schließen, dass der Herr recht unvollkommen, ungeschickt und schwach ist. Nein, wir sind oben, auf geistiger Ebene, dort, wo Schönheit und absolute Vollkommenheit herrschen, das Ebenbild Gottes. Diese Vollkommenheit kann man nur deshalb nicht wahrnehmen, weil die anderen, viel dichteren Körper wie Panzer die Sicht versperren. Wer sich aber auf den göttlichen Keim, der das absolute Licht, die absolute Liebe darstellt, zu konzentrieren weiß, der kann ihn allmählich zum Wachsen und zur Entfaltung bringen.

Solange keine Gedanken, Gefühle oder sonst etwas den Keim beleben, bleibt er unproduktiv, und der Mensch setzt sein gewöhnliches Leben fort, ohne zu wissen, dass es Mittel gibt, um es zu wandeln. Sobald der Schüler imstande ist, seine Gedankenkraft und seine Liebe auf diesen

Keim zu richten, entfaltet dieser sich nicht nur, sondern beeinflusst auch die anderen Leiber, die sich je nach ihren Möglichkeiten (da diese trotz allem begrenzt sind) ändern. Wenn er erst einmal diese göttliche Prägung belebt hat, beeinflusst diese nach und nach alle Zellen des ganzen Körpers und stellt eine außergewöhnliche Harmonie unter ihnen her.

In der Kabbala heißt es, dass der erste Mensch, der kosmische Mensch, der im Garten Eden lebte, Adam Kadmon genannt, das gleiche Antlitz hatte wie der Herr.[1] Als aber später der Verstand in ihm erwachte (und dieser Vorgang wird durch die Schlange, die den Baum der Erkenntnis von Gut und Böse umschlingt, symbolisiert), wurde er versucht, sein Erkenntnisfeld zu erweitern. Er verließ das Paradies (das heißt, er stieg in immer dichter werdende Bereiche der Materie hinab, wo er Kälte, Dunkelheit, Krankheit und Tod erfuhr) und die Naturgeister und die Tiere, die ihm vorher gehorchten, kehrten sich von ihm ab und plagten ihn.[2]

Wenn der Mensch sein ursprüngliches Antlitz wiederfindet, werden ihm alle Geister des Universums aufs Neue gehorchen und auf alle seine Forderungen eingehen. Aber bisher gleicht der Mensch noch dem verlorenen Sohn aus dem Gleichnis. Der Sohn, der das Vaterhaus verließ, um in die Welt hinauszugehen und auf erbärmliche Weise als Schweinehirt endete. Doch hat dieser verlorene Sohn wenigstens eingesehen, dass er in das Haus seines Vaters zurückkehren musste... Und ihr? Werdet auch ihr schließlich begreifen, dass ihr zur Quelle, zum Licht, zur Liebe, zum Leben des Himmlischen Vaters zurückkehren müsst?

Wenn wir jeden Morgen zum Sonnenaufgang gehen, kehren wir zur Quelle zurück, denn die Sonne drückt auf Erden das Göttliche aus. Kein Eingeweihter würde euch sagen, dass die Sonne Gott selbst ist. Und das tue auch ich nicht. Aber in Bezug auf ihr Licht, ihre Wärme und ihr Leben ist die Sonne das beste Symbol für die Heilige Dreieinigkeit.[3] Wenn wir uns täglich bewusst mit der Sonne verbinden, nährt und stärkt sie die kleine Dreieinigkeit in uns: unseren Verstand, der das Licht braucht, unser Herz, das nach Wärme und Liebe verlangt – und unseren Willen, der Leben und Energie benötigt. Die Christen, die in der Sonne keine Manifestation der Heiligen Dreifaltigkeit sehen wollen, weil sie das für heidnisch oder unzivilisiert halten, suchen die Heilige Dreifaltigkeit lieber in toten Bildern, die nichts ausdrücken, nichts ausstrahlen und somit keinen Nutzen haben.

Wenn ihr die Sonne betrachtet, kann die durch sie in den Raum ausgestrahlte Akasha- oder Telesma-Kraft in eurem göttlichen Keim das Bild beleben, welches das vollkommene Ebenbild des Herrn ist. Sobald ihr dieses Bild findet, stehen die Naturgeister und die vier Elemente in euren Diensten und erfüllen euch freudig jeden

Wunsch, den ihr an sie richtet, weil sie in euch das Bild sehen, das sie respektieren. Wenn sie dies jedoch nicht sehen, widersetzen sie sich euch und können euch sogar vernichten. So sind Schwarzmagier, die den Naturgeistern befehlen wollten, deren Opfer geworden. Die Geister haben sich an ihnen gerächt und sie zerstört, denn sie wollen nicht auf Menschen hören, die weder Liebe, noch Reinheit, noch Licht besitzen. Sie können es nicht leiden, wenn man sich ihrer mit Hilfe magischer Beschwörungen bemächtigt. Die einzige Kraft, die sie achten, ist das Licht, das der Eingeweihte ausstrahlt, wenn er das wahre Ebenbild Gottes zum Ausdruck bringt.[4]

Warum belässt man die Christenheit in völlig unwirksamen, nutzlosen und sogar schädlichen Vorstellungen? Der Beweis: Suchen die Christen, seitdem Jesus vor zweitausend Jahren sagte: »Darum sollt ihr vollkommen sein, gleich wie euer Vater im Himmel vollkommen ist!« wirklich nach der Vollkommenheit ihres Himmlischen Vaters? Sie sind immer noch schwach, kümmerlich, neidisch, sorgenvoll, wütend und sinnlich. Ist das etwa die Göttlichkeit? Die ihnen vermittelten Begriffe und Kenntnisse reichen also nicht aus, um eine tatsächliche Wandlung zu bewirken. Sie brauchen mehr als das. Einige werden sagen: »Wieso? Sie haben doch alles! Alles ist in den Evangelien enthalten!« Ja, das weiß ich, aber haben sie die Evangelien überhaupt verstanden? Ich bin wie kein anderer davon überzeugt, dass die Evangelien Schätze beinhalten, aber das sind Schätze, die man noch nicht zu entdecken vermochte, geschweige denn sie in die Tat umzusetzen. Gewiss, in den Evangelien ist alles enthalten, aber in den Köpfen der Christen steckt nicht viel drin.

Die Philosophie Christi führt den Menschen zur Verwirklichung des höchsten Ideals: dem göttlichen Modell zu gleichen, das er auf der Atman-Ebene in sich trägt. Jesus sagt: »Darum sollt ihr vollkommen sein, wie euer Vater im Himmel vollkommen ist« (Mt 5,48), weil in jedem Geschöpf der Keim, das Abbild der Vollkommenheit des Himmlischen Vaters vorhanden ist. Wenn ihr diesen Samen nährt, begießt und belebt, nähert ihr euch allmählich seiner Perfektion. Aber nur ein hohes Ideal kann euch helfen, dieses Ziel zu erreichen.

Die Mutter, die ein Kind erwartet, weiß nicht, wie das Kind Gestalt annimmt. Sie ist sich des Formungsprozesses nicht bewusst. Dennoch bildet sich das Kind nach einem unsichtbaren Schema heran, das im erhaltenen Keim verborgen ist. Sie selbst ahnt nichts von all dem, aber in ihrem Unterbewusstsein gibt es Kräfte, die sehr gut Bescheid wissen. In gleicher Weise könnt ihr das Wachstum des göttlichen Keimes fördern. Deshalb solltet ihr in euren Gebeten und Meditationen versuchen, bis zum Gipfel eures Wesens aufzusteigen. Denn vom Gipfel oder vom Herzen (das Wort ist anders, drückt aber das gleiche innere Vorgehen aus), fließen Kräfte und Energien, die alles ändern werden bis hin zur Schwingung der geringsten Zelle und des geringsten Atoms eures Wesens.

Anmerkungen

1. Siehe Band 236 der Reihe Izvor »Weisheit aus der Kabbala – Der lebendige Strom zwischen Gott und Mensch«, Kapitel 11: »Der Körper des Adam Kadmon«.
2. Siehe Band 210 der Reihe Izvor »Die Antwort auf das Böse«, Kapitel 1: »Die beiden Bäume im Paradies«.
3. Siehe Band 10 der Reihe Gesamtwerke »Sonnen Yoga – Surya-Yoga – Die Herrlichkeit von Tiphereth«, Kapitel 4: »Wie man die Heilige Dreifaltigkeit in der Sonne wiederfindet« und Kapitel 15: »Die Sonne ist Gottes Ebenbild«.
4. Siehe Band 226 der Reihe Izvor »Das Buch der göttlichen Magie«, Kapitel 8: »Blumen und Düfte«.

Kapitel 4

»Suchet zunächst das Reich Gottes und Seine Gerechtigkeit«

Wenn ihr lernt und eure Erfahrungen macht, werdet ihr feststellen, dass sich nichts mit der Nützlichkeit, Schönheit und Herrlichkeit des Strebens vergleichen lässt, das Jesus uns verhieß, als er sagte: »Suchet zunächst das Reich Gottes und Seine Gerechtigkeit, dann werden euch alle Dinge hinzugefügt werden« (Mt 6,33). Das Reich Gottes umfasst alle edlen Eigenschaften: Weisheit, Liebe, Kraft, Schönheit und vor allem Harmonie... also ein überaus segensreiches Dasein für die ganze Welt.

Ihr könnt euch fragen, warum er ausdrücklich sagte: das Reich Gottes und Seine Gerechtigkeit. Natürlich hat das Reich Gottes im Himmel nichts mit der Gerechtigkeit zu tun, denn sonst wäre es nicht das Reich Gottes, das einzig und allein eine Welt der Liebe, Großzügigkeit und Güte ist. Die Gerechtigkeit ist für die physische Ebene, für den irdischen Bereich der Menschen bestimmt. Sobald es sich hier unten auf Erden manifestieren soll, bedarf es der Gerechtigkeit.

Im Himmel begeht niemand Verbrechen, warum sollte es dort also eine Gerechtigkeit geben? Im Himmel gibt es nur strahlende, liebevolle Wesen, und die Gerechtigkeit ist nur da nötig, wo Gesetze überschritten werden. Es heißt deshalb »das Reich Gottes und Seine Gerechtigkeit«, weil in dem Moment, in dem das Reich Gottes auf Erden beginnen wird, noch nicht alle Geschöpfe so erleuchtet sein werden, um das Gesetz der Liebe zu empfangen. Ihr dürft nicht glauben, dass alle Menschen gewandelt sein werden, wenn das himmlische Reich auf Erden verwirklicht sein wird. Nur eine Elite der weisesten und edelsten Wesen wird das Reich Gottes errichten, und alle anderen werden deren Autorität annehmen. Es wird also eine Gerechtigkeit geben, denn eine Erde ohne Gesetze ist unmöglich; aber nicht nur Gesetze, die strafen, sondern auch Gesetze, die die Wesen leiten und ihnen Orientierung geben.

Ja, selbst wenn das Reich Gottes auf Erden errichtet sein wird, werden die Menschen nicht ganz plötzlich vollkommen sein. Das ist absolut unmöglich, das braucht Zeit. Am Anfang wird also die Idee des Reiches Gottes auf Erden nur von einer Minderheit hoch entwickelter Wesen verstanden und akzeptiert werden. Sie werden dann regieren, und alle anderen werden ihnen genauso folgen müssen wie der Schwanz dem Kopf. Man wird der Menge die Möglichkeit geben, sich in die Minderheit zu integrieren. Und wenn sie die neue Lebensweise mit der neuen für alle Geschöpfe vorteilhaften sozialen Ordnung sehen werden, wird niemand sich dagegen auflehnen. Dann wird es keine Länder mehr geben, die versuchen, sich auf Kosten anderer zu bereichern und auszudehnen, wie es heute der Fall ist, wo jeder der Erste, der Größte und der Mächtigste sein will.

Das Reich Gottes ist eine Welt der Harmonie, Glückseligkeit und Freude. Diese Welt kann auf Erden nur dann existieren, wenn es eine Gerechtigkeit gibt. Weil sogar dann nicht alle Menschen weit genug entwickelt sein werden, um die göttliche Gnade und die Fülle zu schätzen und sie für das Gute zu verwenden. Man wird also eine Gerechtigkeit auferlegen müssen, aber eine neue Gerechtigkeit und nicht die Gesetze unwissender Menschen, die oft ungerecht und unnütz sind.

Suchet zunächst das Reich Gottes und Seine Gerechtigkeit und nicht unsere, die auf persönlichem Interesse beruht. Gewiss, man muss an Unterkunft, Ernährung und Kleidung denken; aber wenn man sich ausschließlich mit solchen Dingen befasst, raubt man sich gerade damit die Freude und die Begeisterung, weil man durch diese Tag und Nacht gehegten Gedanken keine erhabenen himmlischen Kräfte auslöst. Eines Tages wird man die Folgen der verschiedenen Handlungen in Laboratorien untersuchen und entdecken, dass die Verfassung des Menschen von seinem Denken, von dem Ideenbereich oder dem Gedankenkreis, der ihn gefangen hält, abhängt. Die Wissenschaft wird all das eines Tages beweisen, aber ich möchte ihr Urteil nicht abwarten, um es zu glauben und mich zu entschließen, gewisse Arbeiten auszuführen.

Wenn ihr nun diese Wahrheiten kennt, könnt ihr sie anwenden, das heißt ihr könnt euren Blickpunkt, eure Einstellung und eure Methoden ändern. Und dann werdet ihr merken, dass dort, wo alle anderen unglücklich sind und zusammenbrechen, ihr über den Dingen steht, strahlt und alle Probleme zu lösen wisst; denn ihr lebt auf einem anderen Niveau, das genauso real, sogar noch realer ist als alle anderen.

Es kommt darauf an, was man mit seinen Kräften anfängt und zu welchem Zweck man sie gebraucht.[1] Wenn ihr traurig und unglücklich seid, bewegt ihr euch in einem zu stark begrenzten Kreis. Ihr müsst diesen Kreis erweitern, dann zieht ihr Kräfte und Wesenheiten aus dem Universum an, die euch erleuchten und helfen werden. Ich gebe euch nun eine Methode: Erweitert den Kreis eurer geistigen Aktivitäten. Wenn ihr bisher euer Interesse nur auf euch selbst oder auf eure Familie konzentriert habt... oder auf euer kleines Dorf, wenn ihr ein Bürgermeister oder auf euer Land, wenn ihr ein Präsident seid, dann dehnt euer Bewusstsein weiter, bis ins Unendliche aus. Umfasst das Sonnensystem, den ganzen Kosmos, steigt bis zum Schöpfer auf, und dann werdet ihr euch nicht mehr so klein, armselig, verlassen oder einsam fühlen. Ihr werdet ein segenspendender Faktor für die Menschheit, ein Schöpfer sein, und die göttlichen Intelligenzen des Himmels werden nichts unternehmen, ohne euch an ihren Sitzungen teilnehmen zu lassen, wenn sie über das Schicksal der Länder und Kontinente entscheiden. Das glaubt ihr mir nicht? – Doch, so ist es. Die höheren Wesenheiten haben eine außerordentliche Achtung für die Menschen, die von ganzem Herzen und ganzer Seele für das Gute in der Welt arbeiten. Hier unten mögt ihr vielleicht unbekannt sein und von niemandem geachtet oder erhört werden, aber während ihr schlaft, laden euch die Gottheiten ein, an ihren Entscheidungen teilzunehmen.

Seht ihr, dies ist wiederum etwas, was die offizielle Wissenschaft nicht weiß. Denn sie kennt noch lange nicht die Geheimnisse des menschlichen Wesens und ahnt nicht, was eine Seele, was ein Geist ist und wie weit sich ihre Handlungsbereiche ausdehnen.

Versucht jetzt einmal, aus euren kleinen Sorgen herauszukommen und begreift, dass es außer eurer Frau (oder eurem Mann), euren Kindern, eurem Beruf und eurem Haus auch noch andere Dinge auf der Welt gibt. Setzt an erste Stelle den Vorsatz, an der Arbeit für das Gottesreich auf Erden teilzunehmen, die Millionen und Abermillionen von Wesenheiten in der Welt verrichten. Euer Leben ist nutzlos, solange ihr nicht bewusst mit allen euch zur Verfügung stehenden Mitteln für diese erhabene Idee arbeitet. An dem Tag, an dem ihr dies tatsächlich verstanden habt, wird sich euer Schicksal ändern. Jetzt kommt eine neue Epoche, in der alle dank der Erkenntnis, dass sie als Individuen nicht glücklich sein können, solange die Probleme der Gemeinschaft nicht gelöst sind, für das Reich Gottes arbeiten.[2] Manche meinen, das Glück zu finden, indem sie in trüben Wassern fischen. Nein, erst wenn die Situation der ganzen Kollektivität besser geworden ist, können die Einzelnen glücklich sein, denn sie schöpfen ihre Kräfte aus der Kollektivität.

Wenn ihr für das Reich Gottes arbeitet, merkt ihr natürlich, dass es sich nicht so schnell und so leicht verwirklichen lässt; und wenn euch das Wissen der Geheimlehre fehlt, seid ihr dann sehr enttäuscht und unglücklich. Ihr habt den Eindruck, dass euer Beten und eure ganzen Anstrengungen gar nichts einbringen. Wenn ihr jedoch die Gesetze kennt, stellt ihr eure Arbeit und euer Beten nicht ein, selbst wenn ihr daran zweifelt, dass das Reich Gottes sich aufgrund all der unwissenden, egoistischen und schlechten Menschen auf der Erde so bald realisieren wird. Und warum? Weil ihr die Struktur des menschlichen Wesens und des Universums und die unter ihnen bestehenden Beziehungen kennt und folglich wisst, dass eure Wünsche, Gedanken und Worte Kräfte in der unsichtbaren Welt auslösen, die wieder auf euch zurückkommen.

Jetzt möchte ich euch etwas Wichtiges sagen. Selbst wenn ihr das Reich Gottes und Seine Gerechtigkeit nicht auf der ganzen Welt realisieren könnt, ist es wünschenswert, für es zu arbeiten, denn dann verwirklicht ihr es wenigstens in euch selbst, und dann habt ihr selbst den Nutzen davon. Ja, dieses selbstlose und lichterfüllte Ziel ist so göttlich und so mächtig, dass es tief im Menschen unsagbare Kräfte auslöst.[3] Um den Himmel auf Erden zu verwirklichen, muss eine ganze Kollektivität, müssen Millionen Menschen sich an die Arbeit machen. Wie sollte man es sonst anstellen, wo es doch mehr als vier Milliarden Menschen auf der Erde gibt, die unaufgeklärt sind und ewig von ihren Begierden und Instinkten angetrieben werden und sich seiner Verwirklichung widersetzen?

Übrigens würden alle hochintelligenten und gelehrten Leute sagen: »Wozu soll das gut sein? Es ist doch sinnlos, eine Arbeit zu verrichten, von der man im Voraus weiß, dass sie kein Ergebnis erzielen wird?« Solche superklugen Leute wissen eben nicht, dass sie selbst von ihrer Arbeit profitieren, denn das Reich Gottes kehrt in den ein, der es ersehnt, liebt und sucht. Das sind physikalische, chemische und mechanische Gesetzmäßigkeiten! Das Reich Gottes ist ein Zustand von Harmonie, Ausgeglichenheit, Gesundheit, Freude, Glück, Inspiration und Poesie; diesen Zustand kann man wenigstens innerlich verwirklichen, solange man ihn noch nicht auf andere übertragen kann, weil sie dafür nicht besonders empfänglich sind. Das Glück, das ihr den anderen wünscht, macht euch selbst glücklich; das Licht, das ihr für andere ersehnt, erhellt euch selbst; die Reinheit, die ihr für andere erbittet, reinigt euch selbst.

Die meisten Menschen sind weit von diesem glorreichen Unternehmen entfernt und beschäftigen sich nur mit winzigen Kleinigkeiten, die leicht zu verwirklichen sind. Wer jedoch die Gesetze kennt, der sagt sich: »Meine Wünsche sind gar nicht so schwer zu erfüllen, ich muss mich nur ein bisschen durchzusetzen wissen. Ja, aber so werde ich weder Weisheit, noch Glück, noch Fülle finden. Denn nach dem Gesetz der Affinität weiß ich, dass eine durchschnittliche Saat eine durchschnittliche Ernte bringt.« Wer von diesen Dingen nichts weiß, der engagiert sich in einfachen, leicht zu realisierenden Unternehmungen. Nun, das ist nicht sehr klug.

Die meisten Menschen glauben, sie würden glücklich sein, wenn sie eine bestimmte Summe Geld hätten, ein Diplom erwerben, eine Reise machen oder die eine oder andere Frau heiraten könnten. Nein, das stimmt nicht, denn äußerliche Erwerbungen haben nicht viel mit dem wahren Glück zu tun. Die Menschen verwirklichen die Dinge im äußerlichen Bereich und innerlich sind sie leer. Ich sage es euch ganz offen, dass ich das gewählt habe, was am schwersten oder fast gar nicht zu realisieren ist. Ich weiß, dass ich es außen nie verwirklichen kann; innerlich realisiert es sich jedoch.

Ihr werdet sagen: »Das ist aber merkwürdig, das ist doch absurd. So etwas hat man uns noch nie erzählt. Man hat uns im Gegenteil geraten, uns ein erreichbares Ziel zu setzen und nur die Dinge zu wünschen, die uns nahe liegen.« Ja, das weiß ich. Aber schaut euch einmal die Menschen an, wenn sie das Gewünschte erreicht haben! Sind sie wirklich zufrieden und glücklich? Nein, sie sind nur kurze Zeit zufrieden, und da sie dann kein Ziel mehr haben, verlieren sie ihren Antrieb und ihre Begeisterung. Während andere, die ihr gesetztes Ziel nie erreichen, durch ihre unerfüllten Wünsche angespornt werden und deshalb immer glücklich sind. Wie ist das zu erklären? Dies ist so, weil der Mensch in Wirklichkeit im Denken und Wünschen über unendliche Möglichkeiten verfügt. In der Welt der Seele und des Geistes gibt es für ihn keine Grenzen. Wenn er auf Grenzen stößt, dann hat er sich selbst begrenzt. Leider gibt es nur sehr wenige, die imstande sind, unrealisierbare Träume zu nähren; sie wissen, dass ihre Wünsche und Gedanken durch ihre Psyche so rein und lichtvoll werden können, dass sie in die erhabensten Sphären aufsteigen und mit Wesen und Elementen in Berührung kommen, die ihrer Beschaffenheit entsprechen und die sie dann anziehen.

Auch wenn man das Reich Gottes nicht zu verwirklichen vermag, lohnt es sich dennoch, für es zu arbeiten, es zu wünschen und zu ersehnen, denn dadurch realisiert man es in sich selbst. Und wenn es viele Menschen auf Erden gibt, die innerlich vollkommenen Frieden und vollkommene Harmonie, also das Reich Gottes hergestellt haben, ist es unvermeidlich, dass es eines Tages auch auf physischer Ebene realisiert wird. Wenn die Menschen ihre eigene und die universale Struktur kennen würden und wüssten, was sie brauchen, würden sie sagen: »Es ist ganz egal, ob das Reich Gottes sich verwirklicht oder nicht, denn eines ist gewiss, wenn ich daran denke, lebe ich nicht länger in Ungewissheit, Angstzuständen und innerer Zerrissenheit. Folglich arbeite ich somit für mein eigenes Interesse. Ich sende lichte Gedanken aus, und wenn die anderen sie nicht aufnehmen wollen, kommen sie sowieso wieder auf mich zurück.« Seht ihr, das ist die wahre Erkenntnis, das wahre Wissen.

»Suchet zunächst das Reich Gottes und Seine Gerechtigkeit, dann wird euch alles Übrige zuteil werden.« Ja, alle Suchenden haben erkannt, dass ihnen tatsächlich alles Übrige geschenkt wird. Ich finde sogar, dass alles Übrige sich nicht lohnt, denn was bedeutet es schon für den, der das Reich Gottes in sich trägt? Außerdem heißt es nicht: »Wenn ihr es gefunden habt, wird euch alles Übrige zuteil werden«, sondern »wenn ihr es sucht.« Mit anderen Worten: Es wird euch bereits alles andere zuteil, bevor ihr es gefunden habt, also während ihr es sucht, euch darauf konzentriert, es wünscht und mit all euren Kräften danach verlangt, ohne dass euch etwas davon ablenkt oder entfernt. Was ist nun alles andere neben dem Reich Gottes? Nun, das sind die guten Bedingungen, Geld, Zeit, Gesundheit, Freuden, Freiheit usw. Seht ihr, »alles Übrige« sind die nötigen Bedingungen, um das Gottesreich zu verwirklichen. Denn sobald es in euch herrscht, kann ihm nichts gleichkommen: Es bedeutet Glückseligkeit, Harmonie, Frieden, Liebe, Reinheit, Vollkommenheit und Fülle. Also was bleibt noch zu wünschen übrig, wenn es bereits alles enthält? Aber bis man all das verwirklicht hat, braucht man Mittel und Bedingungen und gerade das sind alle anderen Dinge, die dem Menschen zuteil werden, der das Reich Gottes sucht.

Jetzt braucht ihr nur noch zu versuchen, dies nachzuprüfen! Aber leider haben die meisten Menschen so viele andere Dinge im Kopf, die ihnen zusagen und ihre Sicht vernebeln, dass es für das Reich Gottes keine Anwärter gibt. Aber die wirklich Aufgeklärten suchen nur das Reich Gottes und Seine Gerechtigkeit, weil sie wissen, dass sie dann Himmel und Erde besitzen. Natürlich können sie das nicht in wenigen Monaten oder Jahren erreichen, aber für diejenigen, die es nur nach dem Großen und Erhabenen hungert und dürstet, gibt es nichts Wünschenswerteres. Versucht es doch einmal, macht einen Anfang, dann werdet ihr schon sehen, dass alles andere verblasst und ihr bisher nur Enttäuschungen, Schatten und Leere gesucht habt.

Ich sage euch ganz offen, auch wenn ich wüsste, dass das Reich Gottes sich nie realisieren würde, würde ich es weiterhin wünschen, denn ich habe begriffen, dass ich selbst davon profitiere, weil dann zumindest in meinem Herzen, in meiner Seele und meiner Gedankenwelt Fülle und Harmonie herrschen. Wenn also auch ihr dieses Gesetz begreift, ändert euer Leben sich ab sofort: Ihr löst euch von euren alltäglichen begrenzten Beschäftigungen und steigt durch edle, erhabene und großmütige Gedanken und Gefühle auf. Sie belassen euch nicht im alten Bewusstseinszustand, sondern erheben euch und bringen euch mit anderen Sphären, Strömungen und Wesenheiten in Kontakt. Ihr werdet edelmütiger, habt ein höheres Verständnis. Ihr tretet in Bereiche ein, in denen andere, viel schönere und weiter entwickelte Wesenheiten wohnen, die alles geben, was sie besitzen. Also steigt ihr immer weiter auf, entfaltet euch und werdet stärker.

Ihr müsst den Mechanismus verstehen. Jeder Gedanke, jedes Gefühl, jeder Wunsch, jede Geste steht in Affinität mit Wesenheiten und Elementen anderer Bereiche und zieht diese an. Seht ihr, warum ich darauf bestehe, dass es nebensächlich ist und euch nicht kümmern soll, ob das Reich Gottes auf Erden einkehrt oder nicht? Es kommt darauf an, dass es sich in euch selbst verwirklicht.

Die Realisation des Gottesreiches hängt nicht von uns ab, darüber bestimmt Gott selbst. Die Verwirklichung betrifft den Herrn, während die Bemühungen uns betreffen. Diese Philosophie zeigt uns also, dass man immer weiter arbeiten muss, selbst wenn man zweifelt, selbst wenn man nicht glaubt, dass sich das Gottesreich realisieren kann. Ob ihr nun daran zweifelt oder nicht daran glaubt, ist völlig unwichtig. Ihr habt das Recht, nicht daran zu glauben. Aber ihr habt kein Recht, die Arbeit einzustellen. Seht ihr, ihr könnt so viel zweifeln, wie ihr wollt, aber setzt euer Streben fort, dann lässt das Reich Gottes sich nach und nach in euch nieder. Das genügt. Wenn viele Menschen auf Erden das Gottesreich als Bewusstseinszustand verwirklicht haben, wird dies auf die anderen ansteckend wirken. Jeder wird dem guten Beispiel folgen wollen und dann wird das Gottesreich für alle eine Tatsache, eine Realität werden.

Im Augenblick dreht es sich um uns. Wir selbst müssen arbeiten. Wir selbst müssen uns anstrengen, und dann werden die kosmischen Gesetze die Verwirklichung und die Konkretisierung übernehmen. Wir sind nicht die Ersten, die für das Reich Gottes arbeiten. Tausende und Abertausende von Geistern tun das schon lange und drängen, dass ihre Wünsche, Gebete und Ideen sich verwirklichen. Sie drängen und wünschen, können aber nicht mehr machen, das können nur die Lebenden. Die Jenseitigen können zwar die Gedanken, Gefühle und das Bewusstsein der Lebenden beeinflussen, aber auf materieller Ebene haben sie keine Macht, das haben nur die Lebenden, weil sie mit der physischen Welt in Berührung stehen. Deshalb braucht der Himmel Arbeiter, hoch entwickelte Menschen, die an dem grandiosen Werk, der Verwirklichung des Gottesreiches auf Erden, teilnehmen.

»Suchet zunächst das Reich Gottes und Seine Gerechtigkeit...« Das ist ein Satz aus dem Evangelium, nach dem man sich richten sollte, meine lieben Brüder und Schwestern. Es gibt aber noch andere Stellen, denen ihr eure Aufmerksamkeit widmen solltet, zum Beispiel: »Mein Vater arbeitet und auch ich arbeite mit Ihm«.[4] Arbeitet und identifiziert euch mit dem Licht, damit ihr eines Tages sagen könnt: »Ich bin das Licht der Welt«...[5] Ich bin die Auferstehung und das Leben«.[6] Seht ihr, man sollte also die Stellen aus den Evangelien wählen, die das höchste zu erreichende Ideal enthalten und dann dafür arbeiten. Manche wählen vielleicht einige Gebote: nicht stehlen, nicht die Frau des Nächsten begehren... doch das ist nichts Besonderes. Sie stehlen und begehren vielleicht nicht, aber was erreichen sie tatsächlich auf geistiger Ebene? Man sollte das Reich Gottes und die Vollkommenheit wünschen, denn alle anderen guten Eigenschaften und Tugenden sind reichlich darin enthalten. Und man sollte es nicht nur wünschen, sondern sein Möglichstes tun, um es zu verwirklichen.

Selbst wenn ihr schwach und unvorbereitet seid oder nichts gelernt habt, spielt das keine Rolle, denn für die Arbeit am Reich Gottes wird jeder akzeptiert. Selbst wenn sich eure Teilnahme auf einen einzigen Baustein beschränkt, bekommt ihr denselben Lohn wie die anderen, die zuerst gekommen sind. So steht es in den Evangelien: Die, die als Letzte gekommen sind, haben denselben Lohn empfangen wie jene, die als Erste da waren.[7] Es mag sein, dass ihr die Ersten gewesen seid, aber wenn ihr langsam, ohne Liebe und Überzeugung gearbeitet habt, werdet ihr nicht besonders belohnt werden. Denn in dieser Arbeit kommt es auf die Qualität eurer Beteiligung an und nicht auf die Stundenanzahl, die ihr gearbeitet habt. Manche machen sich erst ein wenig später an die Arbeit, aber dann mit großem Eifer, und in der göttlichen Welt ist gerade der Eifer, die Intensität der Einstellung das Wichtigste. Der Mensch wird der Kraft seiner Liebe und seiner Überzeugungen entsprechend belohnt.

Anmerkungen

1. Siehe Band 12 der Reihe Gesamtwerke »Die Gesetze der kosmischen Moral«, Kapitel 10: »Über den rechten Gebrauch der eigenen Energien«.
2. Siehe Band 206 der Reihe Izvor »Eine universelle Philosophie«, Kapitel 7: »Wie man den Begriff »Familie« erweitert« und Kapitel 8: »Die Bruderschaft, ein höherer Bewusstseinsgrad«.
3. Siehe Band 235 der Reihe Izvor »Im Geist und in der Wahrheit – Wie finde ich zu Gott?«, Kapitel 17: »Das Reich Gottes ist in uns«.
4. Siehe Band 31 der Reihe Gesamtwerke »Leben und Arbeit in einer Einweihungsschule«, Kapitel 3, Teil 4: »Der wahre Sinn des Wortes Arbeit«.
5. Siehe Band 241 der Reihe Izvor »Der Stein der Weisen – Von den Evangelien zur Alchimie«, Kapitel 6: »Ihr seid das Licht der Welt«.
6. Siehe Band 308 der Reihe Broschüren »Das Osterfest – Die Auferstehung und das Leben«.
7. Siehe Band 9 der Reihe Gesamtwerke »Im Anfang war das Wort – Kommentare zu den Evangelien«, Kapitel 5: »Die Ersten werden die Letzten sein«.

Kapitel 5

»Wie im Himmel so auf Erden«

Teil 1

Seit Jahrhunderten und Jahrtausenden hat es in der Geschichte zahlreiche Religionen, Denkweisen und philosophische Systeme gegeben, die zur Vereinfachung in zwei Kategorien eingeteilt werden können. Die eine empfiehlt den Menschen, der Erde zu entfliehen, während die andere sie im Gegenteil an sie bindet.

Kurz gefasst kann man sagen, dass der Buddhismus in den Menschen das Verlangen weckt, die Erde zu verlassen, weil sie eine Welt der Unvollkommenheit und des Leids sei. Der Buddhismus hat übrigens mehr oder weniger auch andere spirituelle Bewegungen beeinflusst. Auf der anderen Seite ist der Materialismus die Philosophie, die die Menschen an das Irdische fesselt und sie dazu verleitet, Glück und Befriedigung auf der Erde zu suchen.

»Und zu welcher Kategorie gehört das Christentum?« Ja, gerade das ist die Frage. Es weiß es selbst nicht, denn es kennt sich selbst nicht. Im Übrigen sind das Christentum und die Philosophie Christi zwei verschiedene Dinge.

Das Christentum hätte die wahre Lehre Christi sein können, wenn die Christen verstanden hätten, dass sie sich auch als Spiritualisten um die Erde kümmern und gedanklich, gefühlsmäßig und tatkräftig an ihr arbeiten müssen, um aus ihr einen Garten zu machen, in dem Gott weilt. Weder diejenigen, die sich an das Irdische klammern, noch diejenigen, die die Erde verlassen wollen, werden das Glück der Menschheit verwirklichen. Die dritte Lösung ist die wahre Philosophie Christi, die Philosophie aller großen Eingeweihten und also auch die unsere; sie empfiehlt, nicht davonzulaufen, um sich in den Himmel zu flüchten, sondern sich das einzuprägen, was es im Himmel gibt, um es dann auf der Erde zu verwirklichen, damit sie zu einem Paradiesgarten, dem Reich Gottes wird. Der wahre Spiritualist, der wahre Christ verachtet die Erde nicht, sondern arbeitet an ihrer Vervollkommnung.

Deshalb sagte ich euch, dass das Gebet, das Jesus seinen Jüngern gab, eine Zusammenfassung seiner ganzen Lehre ist. Dieses Gebet enthält ein ganzes Programm: »Vater unser, der Du bist im Himmel, geheiligt werde Dein Name, Dein Reich komme, Dein Wille geschehe, wie im Himmel so auf Erden...« Die Buddhisten haben nie erwähnt, dass die Erde wie der Himmel werden soll. Im Gegenteil, sie verlassen die Erde, um im Himmel zu weilen. Sie haben nicht einmal daran gedacht, dass man die Erde ändern könnte. Jesus war aber überzeugt, dass die Menschen sich eines Tages vereinigen werden, um aus ihr eine Bleibe für die lichtvollen Geister zu machen. Daran glaubte er und gab deshalb ein ganzes Programm, um dies zu realisieren.

Wenn aber die Erde wie der Himmel werden soll, genügt das Aufsagen: »Dein Wille geschehe wie im Himmel so auf Erden« nicht. Nein, so geht das nicht. Wir selbst müssen dieses Programm durch unsere eigene Arbeit verwirklichen. Man darf sich ja nicht einbilden, dass man den Herrn überreden kann, alles in die Hand zu nehmen, indem man selbst die Hände in den Schoß legt und meditiert, um die Erde zu verlassen. Nie im Leben! Nur durch die Arbeit jedes Einzelnen kann dieses Gebet verwirklicht werden.

Wenn manche Christen von anderen Lehren beeinflusst sind und die Erde verlassen wollen, ist das ihre Sache. Doch müssen sie wissen, dass Jesus nie eine solche Idee in seiner Philosophie verlauten ließ und dass diese erst später hinzugefügt worden ist. Eine Religion bleibt nie so rein wie am Anfang. Sie unterliegt stets Einflüssen anderer Philosophien und Religionen.

Die Religion Jesu ist von höchster Spiritualität und ist auf eine Arbeit ausgerichtet, die hier auf Erden auszuführen ist. Sich in Klöster oder Grotten zurückzuziehen ist natürlich schön und gut, aber die meisten denken dabei an ihre eigene Seele und wollen sie retten. Aber das ist keine Liebe und entspricht nicht der Lehre Christi.

Jesus hat die Lehre von Liebe und Brüderlichkeit eingeführt, die damals in keiner anderen Religion existierte. Als er sagte: »Jerusalem, Jerusalem... wie oft habe ich deine Kinder sammeln wollen, wie eine Henne ihre Küken unter ihre Flügel versammelt«, deutete er damit bereits auf ein Zusammenleben in Liebe und Brüderlichkeit unter den Menschen hin. Und wenn er bat, dass auf Erden alles wie im Himmel sein möge, dann deshalb, weil oben alle Geschöpfe wie ein einziges sind: Sie verstehen sich, lieben sich und sind miteinander verbunden, während hier auf der Erde alle voneinander getrennt, gespalten und feindselig sind.[1] Unter solchen Bedingungen kann die oben existierende Ordnung noch lange nicht auf Erden eingeführt werden.

Auf der Smaragdtafel sagt Hermes Trismegistos: »Das, was unten ist, ist wie das, was oben ist«, das heißt, alles, was auf Erden ist, ist wie das, was im Himmel ist. Wenn man diesen Satz mit Jesu Worten: »Dein Wille geschehe wie im Himmel so auf Erden« vergleicht, kann man sagen, dass Hermes Trismegistos eine Feststellung machte, während Jesus einen Wunsch geäußert hat. In Wirklichkeit beziehen sich diese beiden Sätze auf zwei verschiedene Bereiche. Wenn Hermes Trismegistos sagt: »Das, was unten ist, ist wie das, was oben ist«, spricht er von den drei Welten Mineral-, Pflanzen- und Tierreich, die tatsächlich eine getreue Wiedergabe der höheren Welt sind. Nur die Menschen respektieren das Gesetz der Entsprechungen nicht, weil sie einen freien Willen haben, was bei Mineralien, Pflanzen und Tieren nicht der Fall ist. Nur auf menschlicher Ebene kann man nicht sagen: »Das, was unten ist, ist wie das, was oben ist.« Aus diesem Grunde formulierte Jesus den Wunsch: »Dein Wille geschehe wie im Himmel so auf Erden«, also im Bereich der Menschen.

Hermes Trismegistos besaß das Wissen der drei Welten, woher sein Name »Trismegistos« stammt: »dreimal sehr groß«. Diese drei Welten wurden von allen Kommentatoren als die göttliche, astrale und physische Welt ausgelegt. Das ist richtig, doch sprach Hermes Trismegistos auch vom Mineralreich, von dem er den Stein der Weisen bezog; vom Pflanzenreich, das ihm die so genannte Quintessenz – auch Elixier des ewigen Lebens genannt – gab und vom Tierreich, in dem er die Kraft des Zauberstabes fand. Jesus hatte sich also mit der Welt der Menschen befasst, indem er sagte: »Dein Wille geschehe wie im Himmel so auf Erden.« Jeder sollte sich also bemühen, mit der kosmischen Ordnung im Einklang zu schwingen.

Leider haben die Christen diesen Satz anders ausgelegt. Sie sprechen ihn zwar aus, fühlen sich jedoch überhaupt nicht verpflichtet, das Reich Gottes in sich selbst einkehren zu lassen. Sie wollen, dass es ganz von selbst von außen auf sie zukommt, damit sie davon profitieren können. Nein, auf diese Weise wird es nie kommen! Es ist nur deshalb bisher noch nicht gekommen, weil die Menschen nicht wissen, wie sie es herbeiwünschen und erbitten sollen. Wenn sie das wüssten, wäre es schon längst da! Ihr wollt wissen, wie man vorgehen soll? Wie gesagt muss jeder es zunächst in sich selbst verwirklichen, und dann wird es sich auch im Äußeren realisieren. Nur unter dieser Bedingung kann das Reich Gottes auf Erden einkehren. Wie sollte es in Menschen einkehren können, deren Herzen und Intellekte voller Unordnung, Egoismus und Bosheit sind? Wahre äußere Veränderungen können erst nach einer inneren Wandlung eintreten, denn die Außenwelt ist eine Spiegelung, eine Konkretisierung, eine Materialisierung der Geisteswelt. Im Äußeren kann nichts entstehen, bevor es im Inneren nicht vorhanden ist. Wie sollte ein dummer Mensch etwas Intelligentes zuwege bringen, wenn ihm der Verstand dazu fehlt?

Das Reich Gottes kann nicht im Äußeren existieren, wenn es nicht schon innerlich da ist. Ein Ganzes hat viele Bestandteile, und sowie man die Bestandteile entfernt, bleibt auch vom Ganzen nichts übrig. Das Gottesreich auf Erden ist eine soziale Ordnung, die von erleuchteten und selbstlosen, mit einem hohen Ideal beseelten Wesen gebildet wird. Wie sollte eurer Ansicht nach sonst die Ordnung herrschen? Sie hat nur dank der guten Charaktereigenschaften und Tugenden der Individuen Bestand. Es ist wirklich erstaunlich, dass die Menschen das noch nicht verstanden haben!

Die meisten Menschen benehmen sich so, als seien sie nur zum Essen, Trinken, Vergnügen und zum Dummheiten anstellen auf die Welt gekommen oder zum Leiden und Unglücklichsein. In Wirklichkeit sind sie Arbeiter auf einer Baustelle, aber das wissen sie nicht; sie haben vergessen, dass sie die Aufgabe haben, die in ihnen verborgene Göttlichkeit zu äußern und wie Gott selbst zu werden.

Auf höherer Ebene ist die Materie so fein, dass sie sofort den Gedanken, den Vorstellungen und der Willenskraft gehorcht. Mit dieser feinstofflichen Materie kann man alles machen. Ihr könnt beispielsweise gedanklich sehr komplizierte Gymnastik- oder Tanzfiguren perfekt ausführen, aber sowie ihr sie im physischen Bereich verwirklichen wollt, stoßt ihr auf Schwierigkeiten! Ihr müsst so lange üben, bis ihr es könnt. Für alle anderen Handlungsbereiche gilt genau das Gleiche: gedankliche Schöpfungen reichen nicht aus, sie müssen auf physischer Ebene verwirklicht werden. Wenn der Mensch übrigens in den feinstofflichen Sphären bleiben würde, wo die kreative Arbeit ausgesprochen leicht auszuführen ist, würde er sich nicht sehr weit entwickeln. Also kommt er deshalb auf die Erde, um die Schönheit und Herrlichkeit Gottes durch die dichte und grobe Materie zum Ausdruck zu bringen.

Wenn das ganze Wesen des Menschen mit der göttlichen Welt im Einklang schwingt, reflektiert er endlich Schönheit, Licht und vollkommenen Verstand. Und da der uns beherbergende Planet, die Erde, mit dem physischen Körper des Menschen verbunden ist, wird auch sie sich wandeln und subtil und strahlend werden, hohe Schwingungen haben und andere Früchte, Pflanzen und Blumen hervorbringen. Wenn die Menschen erst einmal begriffen haben, dass sie zunächst an sich selbst arbeiten müssen, um sich zu wandeln, dann wird sich alles aufgrund ihrer Lebensweise ändern, und die Erde wird tatsächlich zum Ausdruck des Himmels.

Aber wo sind die Arbeiter, die dieses Werk verwirklichen wollen? Die Menschen haben eine andere Philosophie im Kopf, und deshalb werden sie so lange wieder auf die Erde zurückkommen, bis sie aus ihr ein Paradies gemacht haben. Wenn sie dies erreicht haben, werden sie auf andere Planeten gehen und die Erde den Tieren überlassen, die sich auch entwickeln. Da staunt ihr, nicht wahr? Ja, aber bis dahin müssen die Menschen auf der Erde arbeiten. Gewiss, auf der Erde leidet man und ist unglücklich.

Und warum, und wer hat die Schuld daran? Die Menschen! Aber das Leid ist kein ausreichender Grund, um das Schlachtfeld zu verlassen und sich aus dem Staub zu machen. Der Himmel akzeptiert keine Deserteure. Ihr werdet sagen: »Aber ich habe mich doch nur nach dem Paradies und nach Glückseligkeit gesehnt, weil ich den Frieden, das Licht und die Schönheit liebe.« Gut, das wird man zur Kenntnis nehmen und als gute Eigenschaft anrechnen. Aber das ist nicht genug, denn die Arbeit ist nicht vollendet, die Aufgabe ist nicht erfüllt.

Die Erde ist so grob und dunkel, dass es Millionen von Jahren und Millionen von Wesen bedarf, um sie zu wandeln. Wie kann sie überhaupt gewandelt werden? Indem sie gegessen wird! Ja, seht ihr, dies ist wiederum eine Frage, die die Wissenschaft nicht vollkommen verstanden hat: Warum isst man? Wir essen Erde! Sie hat natürlich als Gemüse und Früchte eine andere Beschaffenheit angenommen, aber trotzdem handelt es sich um Erde, und diese Erde muss durch uns hindurchgehen. Sie muss aufgenommen, verdaut, wieder ausgeschieden... aufgenommen, verdaut und wieder ausgeschieden werden, bis sie völlig von unseren, durch unsere Gedanken und Gefühle entstandenen Ausstrahlungen und Schwingungen geprägt ist.[2] Wenn die Erde erst einmal auf diese Weise geprägt ist, wird sie lichtvoll und durchsichtig sein. Indem wir die Erde durch unseren Körper hindurchgehen lassen, gibt sie uns natürlich etwas, aber sie erhält auch etwas von uns, nämlich unsere Gefühle, unsere Gedanken, unsere Lebenskraft. Und deshalb ist sie nicht mehr so wie in ferner Vergangenheit. Sie hat sich entwickelt, sie ist feiner und klüger geworden, weil alle Geschöpfe, die bisher auf ihr lebten, auf sie eingewirkt haben.

Von nun an solltet ihr alle daran denken, dass ihr die Aufgabe habt, die Erde zu verwandeln. Wenn der Herr sich dann später äußert, wird Er sagen: »Ihr habt auf meinem Feld gut gearbeitet, also, meine lieben Diener, kommt in das Reich Meiner Freude und in das Reich Meiner Glorie!« Übrigens spricht Jesus in den Evangelien auch von Arbeitern, die man auf ein Feld geschickt hat. Ja, diese Arbeiter sind wir! Und was haben wir gepflanzt? Wo haben wir gearbeitet? Ihr kennt das Gleichnis von den Dienern und den Talenten! Nun, das ist dieselbe Idee. Die Diener, die ihre Talente Früchte tragen ließen, wurden belohnt; während jener, der seinen Schatz vergraben hatte, bestraft wurde. Dieser schlechte Diener stellt diejenigen dar, die nur ans Vergnügen denken und das Leben auf egoistische Weise ausnutzen wollen. Dies hat überhaupt nichts mit der Philosophie Christi zu tun. Christus lehrt uns, dass alle vom Herrn erteilten Gaben und Fähigkeiten für eine Arbeit zum Wohl aller Wesen eingesetzt werden sollten.

Der Sinn des Lebens liegt in der Entwicklung, in der Wandlung der Materie. Welche Formen und Manifestationen sie in der Zukunft haben wird, ist eine andere Frage. Wichtig ist nur, dass man weiß, dass es einen Sinn gibt, einen Plan – ein Gesetz, das die ganze Schöpfung zur Weiterentwicklung zwingt. Wer zu dieser Entwicklung beiträgt, dem werden Hilfe und Unterstützung zuteil. Alles muss sich entwickeln. Selbst die Mineralien entwickeln sich. Obgleich ihre Evolution unmerklich ist, ist sie dennoch real. In den Mineralien wirkt eine Kraft, die alle in ihnen enthaltenen Eigenschaften und Tugenden zum Ausdruck bringen will. Die Edelsteine und Edelmetalle sind höher entwickelte Mineralien, die günstige und wohltuende Ausstrahlungen haben. Auch Pflanzen entwickeln sich. Je weiter sie fortgeschritten sind, umso mehr haben ihre Blüten und Früchte eine heilende und wohltuende Wirkung und mehr Nährwerte. Das Gleiche gilt für die Tiere und die Menschen und sogar für unser Sonnensystem.

Das Gesetz des Lebens ist also die Evolution, das heißt eine Entwicklung, die bis zur Vollkommenheit geht.[3] Jesus hat uns deshalb aufgefordert, vollkommen zu werden wie der Himmlische Vater, weil er wusste, dass das Ziel der Evolution die Vollkommenheit ist.

Anmerkungen

1. Siehe Band 242 der Reihe Izvor »Unerschöpfliche Quellen der Freude«, Kapitel 10: »Unsere Zugehörigkeit zum Lebensbaum«.
2. Siehe Band 204 der Reihe Izvor »Yoga der Ernährung«, Kapitel 10: »Die Arbeit des Geistes an der Materie«.
3. Siehe Band 28 der Reihe Gesamtwerke »Die Pädagogik in der Einweihungslehre, Teil 2 und 3«, Kapitel 2: »Der Sinn des Lebens, die Entwicklung«.

Teil 2

Die ganze Schöpfung ist die Auswirkung der Arbeit von Geist und Materie, denn das Universum ist nichts anderes als Geist und Materie. Die Materialisten, die das Wort Geist nicht gerne hören, können auch »Kraft« oder »Energie« sagen, da der Geist eine Kraft ist. Wenn man jedoch nur von Kraft anstatt von Geist spricht, hat man keinen Nutzen von seinen Eigenschaften – wie zum Beispiel Verstand, Bewusstsein, Liebe usw. Auf jeden Fall kann niemand leugnen, dass im Universum alles auf zwei Realitäten beruht, egal ob man sie nun Geist und Materie, Kraft und Materie oder männliches Prinzip und weibliches Prinzip nennt.

Die Wissenschaft interessiert sich vor allem für den Entwicklungsprozess der Lebewesen: wie sie sich im Laufe der Zeit unterscheiden, organisieren und ständig neue Eigenarten und

Fähigkeiten erwerben. Sie beschäftigen sich also nur mit dem aufsteigenden Fortschritt, also dem Aufstieg der Materie zum Geist. Aber sie übersehen, dass der evolutiven Bewegung eine involutive vorausgeht, weil dieser Vorgang sich in der feinstofflichen Welt abspielt. Und aufgrund dieser Wissenslücke sind ihre Schlussfolgerungen falsch.

Die Einweihungswissenschaft lehrt, dass jeder Evolution eine Involution vorausgeht, das heißt der Geist steigt in die Materie hinab. Nichts kann sich ohne die Hilfe des Geistes entwickeln, denn er enthält das Leben, das Bewusstsein. Er treibt die Materie, Formen und Geschöpfe zur Vollkommenheit. Man muss also begreifen, dass es keine Evolution ohne eine vorausgehende Involution gibt. Wenn man sich einbildet, dass die Formen sich von selbst entwickeln, ohne eine vorherige Involution, ohne das Hinabsteigen des Geistes zu beanspruchen, hat man keine Ahnung. Dieser Vorgang kann schematisch durch zwei Dreiecke dargestellt werden. Das eine, mit der Spitze nach unten zeigende Dreieck ist das Symbol des Geistes, der in die Materie hinabsteigt, um sie zu beseelen und zu beleben, das andere, mit der Spitze nach oben zeigende Dreieck, stellt die Materie dar, die aufsteigen will, um sich mit dem Geist zu vereinen.

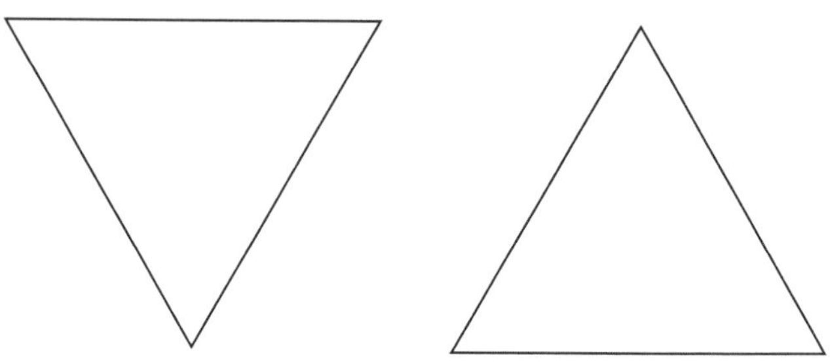

Das Symbol der beiden Dreiecke lässt sich auf das geistige Leben übertragen. Wer der Philosophie des Materie-Dreiecks folgt, der verlässt die Erde mit all ihren Beschäftigungen und Pflichten, woraus gewisse Anomalien entstehen. Der Mensch sollte also mit dem Dreieck des Geistes arbeiten, das die Verwirklichung, die Manifestierung auf der physischen Ebene betrifft; er sollte nicht mehr so sehr das Aufsteigen, sondern im Gegenteil das Hinabsteigen anstreben. Manche »Mystiker« werden jetzt sagen: »Das ist doch schrecklich! Beim Hinabsteigen verliert man sich. Nirgends ist die Rede vom Hinabsteigen! Im Gegenteil, man soll sich erheben und sich von der Erde lösen!« Wie ihr wollt, aber diese Einstellung hat Jesus im Herrengebet, in dem es heißt: »Dein Reich komme, Dein Wille geschehe wie im Himmel so auf Erden«, nicht befürwortet.

Jetzt kommt die Epoche, in der man nicht mehr sein eigenes Heil suchen sollte, indem man im Himmel Zuflucht sucht. Diese Einstellung war vielleicht für eine gewisse Zeit gut, sie hat sehr wichtige Aspekte des Innenlebens aufgedeckt. Doch jetzt sollte man nicht mehr davonlaufen wollen, sondern die edle Arbeit aufnehmen, den Himmel auf Erden zu realisieren. Ihr werdet fragen: »Aber wie? Das geht doch gar nicht!« Doch. Das Dreieck des Geistes zeigt uns, wie wir in dieser Richtung zu arbeiten haben. Der Schüler soll selbstverständlich dem Himmel entgegenstreben; aber sobald er ihn erreicht hat, sollte er versuchen, das Licht, die Liebe, die Kraft und die Reinheit, die im Himmel existieren, über sich und seine Umwelt herabfließen zu lassen. Nach jahrelangen Bemühungen vereinigt er auf diese Weise Geist und Materie miteinander und verwirklicht das Symbol des salomonischen Siegels.

Das Siegel Salomons wird in esoterischen Büchern oft erwähnt, aber nur sehr wenige haben den tiefen Sinn und die magische Kraft dieses Symbols begriffen. Seine Kraft rührt aus der Begegnung und dem Ineinandereingehen der beiden Dreiecke her, die die beiden Prinzipien symbolisieren.

Heutzutage äußern sich die beiden Extreme. Einerseits gibt es die technisch, wirtschaftlich und sozial weit fortgeschrittenen Länder, die ihr ganzes Streben auf eine Verbesserung der irdischen Verhältnisse richten und das Geistige völlig aufgeben; andererseits gibt es Länder mit stark spirituell ausgerichteten Traditionen, die das materielle Leben vernachlässigen und Millionen und Abermillionen Menschen in Schmutz, Elend und Krankheit leben lassen. Ich gebe weder den einen noch den anderen Recht, denn man braucht beides; die Verbindung mit dem Himmel und das Arbeiten für die Erde.

Ihr werdet sagen, dass ihr lieber für den Himmel arbeitet. Gut, aber ihr müsst wissen, dass der Himmel eure Hilfe gar nicht braucht. Er hat alles im Überfluss! Was könntet ihr also noch hinzufügen? Aber hier auf Erden braucht man euch. Ändert also eher eure Taktik ein wenig. Das heißt aber nicht, dass ihr dem Himmel den Rücken kehren sollt. Nein, im Gegenteil, verbindet euch mit ihm, damit ihr nachher den anderen etwas geben könnt. Denn ohne Verbindung zum Himmel seid ihr arm, und was könntet ihr dann schon geben?

Aus manchen armen Ländern gehen die Männer ins Ausland, um dort zu arbeiten und Geld zu verdienen, damit sie ihre Familie ernähren können. Nun, für euch gilt das Gleiche. Wenn ihr eure Familie ernähren wollt, müsst ihr im Ausland arbeiten und Geld verdienen. Das ist natürlich symbolisch gemeint. »Das Ausland« ist der Himmel, den man durch seine Gebete, Meditationen, Kontemplationen usw. erreichen kann. Ich gehe jedenfalls täglich ins Ausland und lasse euch allein, um mir Gold zu beschaffen, das ich dann bei meiner Rückkehr an euch verteile. Warum soll man immer an der Familie oder seinen Freunden hängen bleiben? Weil man sie angeblich liebt? Nein, man liebt sie gar nicht oder man liebt sie falsch. Man lässt sie verhungern, weil man nicht imstande ist, ihr Herz und ihre Seele zu nähren. Also ist das keine Liebe.

Man soll in himmlischen Sphären leben können, doch darf man sich nicht damit begnügen, auf dieser Ebene zu verharren. Nehmen wir ein Beispiel. Ihr habt eine Idee. Ihr findet euren Einfall gut und seid darüber glücklich. Also hat der Einfall euer Gefühl berührt. Ja, aber das genügt noch nicht. Erst wenn ihr ihn zum Ausdruck bringt und ihn verwirklicht, ist der normale Ablauf abgeschlossen.[1] Begnügt sich etwa ein Maler, ein Musiker oder ein Poet mit einem Einfall? Nein, er verwirklicht ihn. Warum sollte man sich also auf anderen Gebieten mit Gedanken und Gefühlen begnügen? Man muss sie in die Tat umsetzen. Auch im spirituellen und religiösen Bereich muss man die Dinge verwirklichen. Bei vielen geht die Religion nicht über den Verstand oder das Herz hinaus. Sie machen das Gegenteil von dem, was sie denken und glauben. Sie haben also nicht verstanden, wie die kosmische Intelligenz die Dinge geschaffen hat. Zuallererst muss man denken, dann wünschen, und anschließend muss man sich an die Arbeit machen und verwirklichen.

Ein junger Mann begegnet einem Mädchen und verliebt sich in sie. Was macht er nach einer Weile? Er versucht sich ihr zu nähern, um sie zu küssen. Warum begnügt er sich nicht mit seinen Gedanken und Gefühlen? Aha, seht ihr, ist es nicht erstaunlich, wie Männer und Frauen auf diesem Gebiet immer richtig zu handeln wissen? Ich meine richtig im Sinne des normalen, von der kosmischen Intelligenz vorgesehenen Ablaufs! Auch im spirituellen Bereich müssen wir durch unsere Gesten, unsere Einstellung und unsere Arbeit an die Verwirklichung denken.

Einige werden denken: »Oh, hier gibt es einen Widerspruch! Sie kritisieren immer die Materialisten und sagen, dass sie nur an das Weltliche denken und von ihrem Besitz nichts mit ins Jenseits nehmen können, und jetzt wollen sie, dass wir genauso handeln wie sie?« Nein, ich widerspreche mir nicht, denn ausschließlich an Geld und Besitztum denken ist eins und die Herrlichkeit des Himmels auf Erden verwirklichen wollen, ist etwas anderes. Glaubt übrigens nicht, dass die Materialisten sich tatsächlich darum kümmern, die Erde zu verbessern! Sie denken nur an ihre eigene Bereicherung, selbst wenn sie dafür die Erde ausbeuten, verschmutzen und zerstören müssen. Nein, die Erde hat nicht viel von ihren Aktivitäten. Der Spiritualist bringt der Erde im Gegenteil etwas Gutes. Und wenn er ins Jenseits übertritt, begleitet ihn alles, was er in der Welt des Lichts geschaffen hat. Auf diese Weise baut er sich seine Zukunft auf.

Wir bringen eine andere Philosophie, ein anderes Verhalten, eine andere Denk-, Handlungs- und Ausdrucksweise. Die alten Begriffe eigneten sich für Einzelwesen, sind aber für die Kollektivität unnütz. Jetzt kommt eine Epoche, in der man nicht mehr nur für sich selbst, sondern für die ganze Erde, die ganze Menschheit arbeiten soll. Die Unsterblichkeit ist oben, das Licht ist oben, die Harmonie ist oben, der Friede, die Schönheit und alles Feinstoffliche sind oben, und warum sollte sich alles, was oben ist, nicht auch unten auf der physischen Ebene verwirklichen? Zunächst im physischen Körper: Das himmlische Leben soll ihn prägen und durch ihn hindurch strahlen. Unter dieser Bedingung kann das Reich Gottes kommen und jeder wird ein Licht, eine Sonne, eine Quelle sein. Man sollte die Lehre des Involutions-Dreiecks, des Dreiecks des Geistes akzeptieren und nicht mehr ausschließlich dem Dreieck der Materie folgen.

Die Materie steigt zum Geist auf, und der Geist kommt zur Materie herab. Wenn Mann und Frau sich in der Liebe vereinigen, wiederholen sie genau den gleichen Vorgang: Der Mann schaut nach unten und die Frau nach oben. Die Menschen handeln nach den seit Ewigkeit von der kosmischen Intelligenz eingerichteten Prinzipien: Die Materie, die sich vergeistigen muss, und der Geist, der sich materialisieren muss, begegnen sich im Raum, um sich zu vereinigen und zu erschaffen. Alle Handlungen des Menschen sind symbolisch, bedeutsam und philosophisch, doch haben die Menschen nichts davon begriffen. Der Geist muss herabsteigen. Deshalb bittet in euren Gebeten darum und stellt euch in euren Meditationen vor, dass das Licht, der Geist, die göttliche Kraft auf euch herabfließt und sich in alle eure Zellen einprägt. Wenn ihr jahrelang auf diese Weise arbeitet, fühlt ihr eines Tages, dass der Himmel, das Licht euch erfüllen. Dann ist es viel leichter, die Menschen zu überzeugen und ihnen zu helfen. Wenn ihr aber aufgrund eurer Spiritualität völlig austrocknet und verdorrt, seid ihr nicht nur unnütz, sondern ihr verleidet den anderen obendrein noch die Spiritualität.

Der Geist muss herabkommen. Erst wenn der Geist in die Materie hinabgestiegen ist, wird das Kind, das heißt das Reich Gottes und seine Schönheit, geboren werden. Seht ihr, jetzt kommt etwas Neues: Die Herrlichkeit, der Segen, das Licht und der Frieden des Himmels müssen sich nun über die Erde ergießen. Zunächst über unsere eigene Erde, unseren physischen Körper und anschließend über die ganze Welt, über alle Menschen.[2]

Nun ist alles klar: Anstatt im Nirwana aufzugehen und bei den Auserwählten trinken, essen und sich erfreuen zu wollen, solltet ihr daran denken, dass der Himmel auf euch herabfließt und durch euch hindurch die ganze Erde erleuchtet. Stellt euch vor, ihr seid ein Licht auf der Erde. Welch eine Arbeit gibt es da zu verrichten!

Anmerkungen

1. Siehe Band 6 der Reihe Gesamtwerke »Die Harmonie«, Kapitel 6: »Wie sich Gedanken in der Materie verwirklichen«.
2. Siehe Band 230 der Reihe Izvor »Die Himmlische Stadt – Kommentare zur Apokalypse«, Kapitel 17: »Die Himmlische Stadt«.

Kapitel 6

»Wer mein Fleisch isst und mein Blut trinkt, der hat das ewige Leben«

Der Ritus der Kommunion, so wie er in den christlichen Kirchen abgehalten wird, hat bekanntlich seinen Ursprung im letzten Mahl, das Jesus mit seinen Jüngern einnahm: »Als sie aber aßen, nahm Jesus das Brot, dankte und brach es, gab es den Jüngern und sagte: Nehmet, esset! Das ist mein Leib. Und er nahm den Kelch und dankte, gab ihnen den und sprach: Trinket alle daraus! Das ist mein Blut...« (Mt 26,26-28).

Im Evangelium des heiligen Johannes sagt Jesus auch: »Ich bin das lebendige Brot, das vom Himmel gekommen ist. Wer von diesem Brot isst, der wird leben in Ewigkeit. Und dieses Brot ist mein Fleisch, das ich geben werde für das Leben der Welt. Wahrlich, wahrlich, ich sage euch: Wenn ihr nicht das Fleisch des Menschensohns esst und sein Blut trinkt, so habt ihr kein Leben in euch. Wer mein Fleisch isst und mein Blut trinkt, der hat das ewige Leben, und ich werde ihn am Jüngsten Tag auferwecken. Denn mein Fleisch ist die wahre Speise, und mein Blut ist der wahre Trank. Wer mein Fleisch isst und mein Blut trinkt, der bleibt in mir und ich in ihm. Wie mich der lebendige Vater gesandt hat und ich lebe um des Vaters willen, so wird auch, wer mich isst, leben um meinetwillen« (Jh 6,51-57).

Brot und Wein, dargestellt als Fleisch und Blut Christi, sind ein Symbol, das man in allen Einweihungen wiederfindet. In der Genesis liest man im Bericht über die Begegnung Abrahams mit Melchisedek, dem König von Salem: »Als nun Abraham von seinem Siege über Kedor Laomer zurückkam, ging der König von Sodom ihm entgegen in das Tal Schawe – das ist das Königstal. Melchisedek aber, der König von Salem, brachte Brot und Wein heraus; er war Priester des höchsten Gottes. Und er segnete ihn und sprach: Gesegnet ist Abraham vom höchsten Gott, dem Schöpfer des Himmels und der Erde, und gepriesen der höchste Gott, der deine Feinde in deine Hand gegeben hat! Und Abraham gab ihm den Zehnten von allem.«

Der Name »Melchisedek« bedeutet »König der Gerechtigkeit« und ist vom Hebräischen melek = König und tsedek = Gerechtigkeit abgeleitet. Und »Salem«, Name der Stadt, in der er König war, hat dieselbe Wurzel wie das Wort schalom = Frieden. Melchisedek ist der König der Gerechtigkeit und des Friedens. Er ist eine außergewöhnlich mysteriöse Persönlichkeit, über die man nur sehr wenig weiß. Nur die hohen Eingeweihten wissen etwas von ihm. Es gibt nur eine andere Stelle in der Bibel, in der Melchisedek erwähnt wird, und zwar im Brief des heiligen Paulus an die Hebräer. Der heilige Paulus schreibt: »Dieser Melchisedek aber war ein König von Salem, ein Priester Gottes, des Allerhöchsten; der ging Abraham entgegen, da er von der Könige Schlacht wiederkam, und segnete ihn; ihm gab Abraham auch den Zehnten aller Güter. Aufs Erste wird sein Name verdolmetscht: König der Gerechtigkeit; danach aber heißt er auch: König von Salem, das ist König des Friedens. Er ist ohne Vater, ohne Mutter, ohne Stammbaum und hat weder Anfang der Tage noch Ende des Lebens. So gleicht er dem Sohn Gottes und bleibt Priester in Ewigkeit.« Das von Jesus eingeführte Heilige Abendmahl ist eine Wiederholung der Gabe von Brot und Wein, die Melchisedek Abraham brachte. Übrigens sagt der heilige Paulus, dass Jesus »Priester nach der Ordnung Melchisedeks« war.[1]

Brot und Wein, das heißt Weizen und Weintrauben und natürlich die Nahrung im Allgemeinen, sind Symbole Christi, Symbole des Wortes, weil sie durch die Sonne entstehen. Die Sonne lässt den Weizen und die Trauben sowie alle Früchte und Samen auf der Erde reifen. Alles, was unseren Hunger und Durst stillt, ist das Fleisch und das Blut Christi, denn die Liebe, das

Licht und das Leben der Sonne (oder Christi mit der Sonne als Übermittler) verdichten sich und erscheinen auf der Erde als Pflanzen und Früchte.[2]

»Wer mein Fleisch isst und mein Blut trinkt, der hat das ewige Leben.« Diese Worte sind außerordentlich tiefsinnig. Sie bedeuten: Wenn ihr das Feuer – die Liebe, die von mir ausgeht – esst, und wenn ihr das Licht – die Weisheit – trinkt, werdet ihr das ewige Leben haben. Mit diesen Worten drückte Jesus die gleichen Wahrheiten aus, wie als er zu Nikodemus sagte: »Wenn jemand nicht aus Wasser und Geist (das heißt Feuer) geboren wird, kann er nicht in das Reich Gottes kommen.« Fleisch und Blut, Feuer und Wasser, sind auf einer anderen Ebene Symbole für das männliche und weibliche Prinzip, das Melchisedek Abraham offenbarte, als er ihm Brot und Wein reichte. Brot und Wein bedeuten als solche wenig, aber durch sie hat der Opferpriester des Allerhöchsten Abraham das wunderbare Wissen der Geheimlehre über das männliche Prinzip und das weibliche Prinzip vermittelt.

Da die großen kosmischen Mysterien den Menschen schwer zugänglich sind, musste man sie ihrem Bereich, der göttlichen Welt, entziehen und sie konkret als Gegenstände, Bilder, Brot, Wein und Hostien darstellen. Nun ist es aber an der Zeit, diese Symbole zu vertiefen. Brot und Wein sind zwei Sonnensymbole, da sie zwei Eigenschaften der Sonne darstellen: Licht und Wärme, die das Leben zeugen. Ihre Wärme ist die Liebe und ihr Licht die Weisheit. Jesus wollte also sagen: »Wenn ihr mein Fleisch (die Weisheit) esst und mein Blut (die Liebe) trinkt, werdet ihr das ewige Leben haben.«

Die Christen verwenden bei der Kommunion Hostien, aber werden sie dadurch besser? Wer hingegen jeden Tag mit der Sonne kommuniziert, dieser riesigen Hostie, die vor ihnen aufgeht, und ihr strahlendes und strömendes Licht trinkt, der geht in das ewige Leben ein. Der Sinn der Worte liegt also auf einer viel höheren Ebene. Man sucht ihn immer zu tief unten. Alle Darstellungen und Symbole sind gut und schön, ich will sie nicht zerstören, sie müssen noch eine gewisse Zeit bestehen bleiben; aber eines Tages wird man begreifen, dass sie nicht ausreichend sind, weil die Menschen immer noch genauso schwach, unwissend, rachsüchtig, feige, verleumderisch und eifersüchtig sind.

Seit zweitausend Jahren schlucken die Christen waggonweise Hostien und trinken tonnenweise Wein, ohne dass sie das ewige Leben gefunden haben – und leider auch, ohne sich im Geringsten gebessert zu haben. Denn der einzige Weg zum ewigen Leben ist, das Licht und die Wärme Christi zu essen. Christus wohnt in der Sonne, er ist der Geist der Sonne. Ja, das Licht, das von der Sonne ausgeht, alles überflutet und Ursprung allen Lebens auf Erden ist, dieses Licht, dessen wahre Beschaffenheit man noch gar nicht kennt, ist Christus, ist der Geist Christi. Das Licht der Sonne ist lebendiger Geist. Durch dieses Licht ist der Geist Christi ständig gegenwärtig, aktiv und ununterbrochen am Wirken.

Christus ist natürlich eine Wesenheit, die viel größer ist als die Sonne. Er ist der Sohn Gottes, die zweite Person der Trinität. Er manifestiert sich nicht nur durch unsere Sonne, denn in der kosmischen Weite gibt es unzählige Sonnen, die noch viel größer und strahlender sind als unsere. Christus ist überall im Universum gegenwärtig, doch für uns Menschen hier auf Erden manifestiert er Seine Gegenwart durch unsere Sonne.

In einer Legende heißt es, dass Zarathustra den Gott Ahura Mazda fragte, wie sich der erste Mensch ernährte. Und der Gott antwortete: »Er aß Feuer und trank Licht.« Warum sollten nicht auch wir lernen, Feuer zu essen und Licht zu trinken, um zur Vollkommenheit des ersten Menschen zurückzufinden? Wenn ihr die aufgehende Sonne anschaut, solltet ihr lernen, sie zu trinken, sie zu essen. Stellt euch vor, dass ihr sie einatmet, und dass ihr lebendiges Licht alle Zellen eurer Organe durchflutet, sie stärkt, reinigt und belebt.

Ihr seid jeden Tag der Sonne ausgesetzt, die äußerst reine, lichtvolle Teilchen in den ganzen Raum aussendet. Warum konzentriert ihr euch also nicht darauf, um alle alten, trüben und verbrauchten Teilchen eures Organismus auszuscheiden und sie durch neue Teilchen zu ersetzen, die von der Sonne kommen? Diese Übung ist unsagbar nützlich! Versucht mit der ganzen Kraft eures Herzens und eurer Seele die göttlichen Teilchen aufzunehmen. Auf diese Weise erneuert ihr nach und nach die ganze Materie eures Wesens, und dank der Sonne werdet ihr dann wie ein Sohn Gottes denken und handeln.[3]

Die Religion der Zukunft wird die Sonnenreligion sein, denn durch die Sonne kann man sich jeden Tag mit der Gottheit verbinden, das Fleisch Christi essen und sein Blut trinken.

Anmerkungen

1. Siehe Band 240 der Reihe Izvor »Söhne und Töchter Gottes«, Kapitel 6: »Jesus, Hohepriester nach der Ordnung Melchisedeks«.
2. Siehe Band 204 der Reihe Izvor »Yoga der Ernährung«, Kapitel 8: »Vom Abendmahl«.
3. Siehe Band 212 der Reihe Izvor »Das Licht, lebendiger Geist«, Kapitel 2: »Die Sonnenstrahlen: ihre Natur und ihre Aktivität«.

Kapitel 7

»Vater, vergib ihnen, denn sie wissen nicht, was sie tun«

Man liest und kommentiert die Evangelien, aber man ist oft weit von dem entfernt, was Jesus meinte. Meistens interpretiert man die Worte und Taten aus seinem eigenen begrenzten Blickwinkel heraus, geht von seinen eigenen Mängeln und Fehlern aus. Wenn man genau wissen will, was jemand meint, muss man sich, wie ich es schon oft sagte, in dessen Verstand versetzen. Es gibt Methoden, um die Aussagen oder Schriften längst verstorbener Menschen zu verstehen. All jene, die diese Methoden beherrschen, kommen zwangsläufig zur gleichen Schlussfolgerung.[1] Aber man kennt diese Methoden nicht und ist sich deshalb nicht einig. Es gibt genauso viele Kommentare wie Kommentatoren. Man hat jetzt genug von all diesen Interpretationen, schon allein in Bezug auf die Evangelien und will nichts mehr davon hören. Das ist ganz normal.

Nehmen wir ein Beispiel. Seit zweitausend Jahren zitiert man die Worte, die Jesus am Kreuz sprach: »Vater, vergib ihnen, denn sie wissen nicht, was sie tun.« Alle Interpretationen dieser Worte unterstreichen das Vergeben. Man soll genauso vergeben wie Jesus es tat, das ist alles. Seit zweitausend Jahren versuchen diejenigen, die diesem Rat folgen wollen, ihren Feinden und denen, die ihnen wehgetan haben, zu vergeben. Aber es gelingt ihnen nicht. Warum nicht? Weil Jesus ein Geheimnis kannte; solange man dieses Geheimnis nicht kennt, wird einem das Vergeben nicht gelingen, selbst wenn man sich Jesus als Vorbild nimmt. Es genügt nicht, Jesus als Vorbild zu nehmen; solange man durch die eigenen Kenntnisse oder das eigene Verstehen keinen Kontakt zu seinem Wissen herstellen kann, bleibt er fern, unzugänglich und man kann ihn nicht nachahmen. Im Übrigen glauben viele, dass er die Macht zum Vergeben besaß, weil er Gottes Sohn, Christus, war, aber wir Menschen diese Macht nicht besitzen.

Was ich euch jetzt erkläre, wird euch erlauben, allen, die euch wehgetan haben, zu vergeben. Manche werden sagen: »Aber wir wollen gar nicht vergeben!« Gut, macht, was ihr wollt. Aber ihr überlastet und quält euch damit selbst, und verleidet euch euer eigenes Dasein, seid unglücklich und traurig. Denn es ist schrecklich, einen Groll in sich zu hegen. Man muss etwas unternehmen, um aus dieser Situation herauszukommen. Und da es nicht ratsam ist, seinen Feind umzubringen, um ihn loszuwerden, sollte man ihm lieber verzeihen, und ich will euch nun sagen wie.

Untersuchen wir nun einmal die Worte Jesu: »Vater, vergib ihnen, denn sie wissen nicht, was sie tun.« Warum hat man diesen Satz nicht besser analysiert? »Vater, vergib ihnen, denn...« Jesus erklärt dem Herrn, dass und warum Er vergeben muss. Wie ist das zu verstehen? Kann man Gott etwas beibringen, was Er noch nicht weiß? Warum muss man Ihm sagen »denn sie wissen nicht, was sie tun«? Weiß der Herr nicht Bescheid? Weiß Er nicht, dass die Menschen unbewusst, unwissend und dumm sind? Musste Jesus Ihn aufklären? Und anschließend, anstatt zu sagen: »Ich vergebe ihnen«, sagte Jesus: »Vater, vergib ihnen«... Warum sollte Gott vergeben? Gott hatte doch gar nichts damit zu tun. Er ist doch nicht ans Kreuz geschlagen worden, sondern Jesus.

In Wirklichkeit liegt das ganze Geheimnis der Vergebung in diesem Satz. Als Jesus sagte: »Vater, vergib ihnen...« verband er sich mit Gott. Durch diese Verbindung stand er weit über seinen Feinden und Henkern. Und von dieser Ebene aus konnte er sie nur bedauern; denn durch ihr Verhalten bewiesen sie, dass sie dumm waren, dass sie kein Licht hatten – also arm und erbärmlich waren, denn wenn das Licht fehlt, fehlt wirklich alles. Von dem höheren Bewusstseinszustand aus, in den Jesus sich versetzt hatte, sah er das Elend der anderen so deutlich, dass er ihnen nicht einmal mehr vergeben brauchte. Diese Formel ist eine psychologische Methode, die Jesus angewandt hatte, um innerlich auf sich selbst einzuwirken. Ihr werdet sagen: »Nein, ganz und gar nicht, Jesus wusste, dass Gott streng und unerbittlich ist, und dass Er seine Feinde strafen würde und deshalb bat er Ihn, sie nicht umzubringen.« Nein, Jesus lehrte, dass Gott Liebe ist. Warum hätte er auf einmal denken sollen, er müsste die Menschen vor dem göttlichen Zorn beschützen? Wenn er das gedacht hätte, hätte er sich über den Herrn gestellt und hätte sich größer, großzügiger und barmherziger geglaubt als Er, und das ist unmöglich.

»Vater, vergib ihnen, denn sie wissen nicht, was sie tun«. Diese Formel benutzte Jesus, um die letzte mögliche Spur von Groll zu besiegen und zu wandeln. Denn glaubt nicht, dass Jesus immer so nachsichtig, sanft und freundlich war! Ihr habt gelesen, was er den Pharisäern und Schriftgelehrten gesagt hat. Er hat ihnen schreckliche Schimpfworte an den Kopf geworfen: Blinde, Heuchler, Dummköpfe, übertünchte Gräber, Schlangen, Otterngezücht. Es gab demnach etwas in ihm, was nicht verzeihen konnte. Doch wollte er verzeihen. Er wollte keine Spur von Feindseligkeit gegen die Menschen und sogar gegen seine Feinde mehr hegen. Er selbst hatte gesagt: »Liebet eure Feinde«, also musste er selbst damit beginnen. Und die Bitte: »Vater, vergib ihnen, denn sie wissen nicht, was sie tun«, verlieh ihm auf einmal die Kraft, alles zu vergeben.

Wenn man diese Worte anders erklären will, kompliziert sich alles. Dann müsste man annehmen, dass Jesus nicht besonders an die Liebe Gottes glaubte und er Ihm raten musste, gut und barmherzig zu sein; er hätte sich somit über Gott gestellt und das wäre Hochmut gewesen. Nein, Jesus wandte eine rein psychologische, eine magische Formel an. Durch diese Formel versetzte er sich selbst auf eine sehr hohe Ebene und seine Feinde auf eine sehr niedrige, um großes Mitleid in sich zu erwecken. Wenn man sieht, wie unwissend, abgestumpft und kümmerlich die Menschen sein können, hat man kein Verlangen, sie noch kleiner zu machen. Gerade das ist Edelmut. Man ist edelmütig, wenn man groß ist und den Kleinen nicht angreift; wenn man stark ist und sich nicht auf den Schwachen stürzt.

Jesus war in seiner Liebe, seinem Wissen, und seiner Macht so erhaben, dass er vergeben konnte. Denn sonst hätte er mit den Kräften, die er besaß, alle zerschmettern können. Er hat deshalb vergeben, weil er nicht wie alle seine Vorgänger handeln wollte, die Diener der Gerechtigkeit waren und sich nach den Gesetzen richteten. In der Gerechtigkeit gibt es keine Vergebung, da heißt es: Auge um Auge, Zahn um Zahn. Jesus aber war gekommen, um Liebe, Erbarmen und Vergebung der Sünden zu lehren, und deshalb verteidigte er sterbend seine Feinde. Wenn man das Geheimnis dieser Worte verstanden hat, kann man sie anwenden. Sie erzielen außerordentliche Ergebnisse.

Wer aber geistig arm und schwach ist, ist zur Vergebung nicht imstande und will sich rächen. Um denen vergeben zu können, die einem etwas angetan haben, muss man erhaben, innerlich reich, stark und lichtvoll sein und sagen: »Ich will dem Armen vergeben, denn er hat kein Licht, keine Kenntnisse und keinen Edelmut! Außerdem weiß er nicht einmal, in welcher Lage er sich befindet. Die Gesetze der göttlichen Gerechtigkeit sind unerbittlich, und er wird den angerichteten Schaden unter Leiden wieder gutmachen müssen. Ich bin dagegen bevorzugt, weil ich für das Gute, für das Reich Gottes, für das Licht arbeite, auch wenn ich im Augenblick ein Opfer bin.« Wenn ihr so überlegt und die Herrlichkeit, in der ihr lebt, weil ihr den Weg des Guten gewählt habt, mit dem Elend und der Finsternis derer vergleicht, die ungerecht und bösartig sind, werdet ihr vom Mitleid ergriffen. Was ihr durch kein anderes Mittel erreichen konntet, fällt euch auf diese Weise ganz leicht.

Manche werden sagen: »Diese Einstellung ähnelt aber sehr dem Pharisäer im Evangelium, der im Tempel betete und dem Herrn dankte, nicht wie alle anderen Menschen und vor allem nicht wie der neben ihm kniende Zöllner zu sein. Das ist Hochmut!« Ganz und gar nicht. Der Pharisäer brüstete sich damit, zweimal in der Woche zu fasten, den Zehnten seines Besitzes zu geben usw. Und deshalb verachtete er den Zöllner, ohne daran zu denken, dass jener vielleicht besser war als er selbst. Ich meine hier eine andere Einstellung. Ich sage: Wenn ihr Verleumdungen oder Ungerechtigkeiten zum Opfer fallt und euch der Herrlichkeiten, die Gott euch geschenkt hat, besinnt, sie alle aufzählt und seht, dass eurem Gegner all das fehlt, müsst ihr zwangsläufig daraus schließen, dass ihr in Wirklichkeit bevorzugt seid. Im Moment triumphiert natürlich euer Feind. Er hat es geschafft, euch etwas anzutun; aber dennoch ist er derjenige, der zu bedauern ist. Wer etwas Böses getan hat und eines Tages auf die eine oder andere Weise von der göttlichen Gerechtigkeit gestraft wird, ist immer zu bedauern. Seht ihr, das ist etwas ganz anderes.

Es ist gut, die Evangelien zu lesen, nur muss man sie auch vertiefen können und begreifen, was sich in dem Augenblick im Kopf und im Herzen Jesu tat, als er bestimmte Sätze aussprach. Als er sagte: »Vater, vergib ihnen, denn sie wissen nicht, was sie tun«, verband er sich mit seinem Vater, um seinen Feinden, den Pharisäern und Sadduzäern, vergeben zu können. Jesus, der rechtschaffen und ehrenhaft war, hatte sich unweigerlich ihre Feindschaft zugezogen, da er sie ständig kritisiert und gegeißelt hatte.

Man könnte natürlich sagen, dass Jesus nicht besonders diplomatisch oder psychologisch vorgegangen ist. Er hätte im Voraus wissen müssen, dass er sich einer großen Gefahr aussetzt, wenn er intelligente und gelehrte Persönlichkeiten angreift, die die höchsten Funktionen bekleiden. Immer wieder riss er ihnen die Maske vom Gesicht und deckte ihre Fehler auf und dies sogar in der Öffentlichkeit, vor der Masse. Er sprach: »Weh euch, Schriftgelehrte und Pharisäer, ihr Heuchler, die ihr das Himmelreich zuschließt vor den Menschen! Ihr geht nicht hinein, und die hinein wollen, lasst ihr nicht hinein gehen« (Mt 23,13). Er warf ihnen ebenfalls vor, sich die besten Plätze bei Festessen und in der Synagoge auszusuchen, die Witwen ihrer Habe zu berauben usw.

Wenn Jesus mit den Pharisäern vorsichtiger gewesen wäre, hätten sie ihm sicherlich nicht so viel Leid zugefügt. Aber er provozierte sie. Man muss wirklich offen gestehen, dass Jesus sie ständig herausforderte. Meint ihr, dass die anderen sich eine solche Situation gefallen lassen sollten? Das konnten sie gar nicht. Sie verdienten natürlich jeden einzelnen Vorwurf, doch hätte Jesus sie auch ein bisschen weniger reizen können. »Warum hat er es dann getan?«, werdet ihr fragen. Damit sich die Schriften verwirklichten und seine Mission sich erfüllte. So stand es geschrieben. Wenn er den Pharisäern gegenüber nicht so gehandelt hätte, wäre er niemals gekreuzigt worden, die Geschichte hätte einen anderen Verlauf genommen, und nichts wäre so gekommen, wie es gekommen ist.

Seht ihr, Jesus musste im Augenblick des Sterbens an sich selbst arbeiten, um alles überwinden zu können. Er hat diese Formel benutzt, um seinen Feinden vergeben zu können. Es gibt auf der ganzen Erde keinen Menschen, der gegen niemanden Feindseligkeit oder Antipathie empfindet. Selbst die am höchsten entwickelten Wesen können einige negative Gedanken oder Gefühle nicht vermeiden. Nur verfügen sie eben über eine ganze Wissenschaft mit Methoden und Formeln, mit denen sie ihre Schwächen besiegen und umwandeln können. Darin liegt ihr Verdienst. Glaubt nur nicht, dass sie mit der ganzen Liebe, mit vollem Verstand, mit Weisheit und sämtlichen Tugenden geboren werden. Nein, diese müssen sie erst erwerben. Natürlich kommt der Mensch mit bestimmten Eigenschaften zur Welt, die er sich bereits in anderen Inkarnationen erworben hat, und Jesus hat einen großen geistigen Reichtum und unermessliche Tugenden mitgebracht. Doch hatte er zweifellos noch ein oder zwei kleine Schwächen zu besiegen.

Ich weiß, dass die Christen so etwas nie akzeptieren werden, denn ihrer Ansicht nach, setze ich dadurch Jesus herab. Nein, das stimmt nicht. Im Gegenteil, wenn ich sehe, wie Jesus alles überwunden hat, wird er in meinen Augen nur noch größer. Er hat sogar die Angst überwunden und besiegt, die ihn im Garten Gethsemane ergriffen hatte. Welch ein Ringen, welch ein Kampf! Die Angst ist eine jahrtausendealte Kraft, die im menschlichen Körper verborgen ist und die er besiegt hat. In Angstschweiß gebadet, bat er seinen Vater: »Ist's möglich, so gehe dieser Kelch von mir...« Aber sofort darauf. »Doch nicht wie ich will, sondern wie Du willst«. Und am Kreuz schrie Jesus: »Elohi, Elohi, lama sabachthani?«, was bedeutet: »Mein Gott, mein Gott, warum hast Du mich verlassen?« Um so etwas zu sagen, um sich von Gott verlassen zu fühlen, muss er wirklich große Betrübnis und Qualen erlitten haben. In Wirklichkeit hatte Gott ihn nicht verlassen. Aber selbst die höchsten Eingeweihten können sich verlassen fühlen. Danach hatte Jesus die Fülle und das Licht wiedergefunden und starb mit den Worten: »Ich befehle meinen Geist in Deine Hände.« Ihr dürft nicht glauben, dass ich damit den Ruhm Jesu vermindere. Keinesfalls. Ich halte Jesus für sehr groß, für viel größer als manche, selbst Gläubige, es tun, die in Wirklichkeit noch gar nicht wissen, wer Jesus war. Ja, Jesus ist in meinen Augen sehr erhaben gewesen, auch wenn ich zwischen ihm und Christus einen Unterschied mache.

Der Mensch besitzt zwei Naturen: eine niedere Natur, die ich Personalität und eine höhere Natur, die ich Individualität genannt habe. Mit der Kenntnis dieser beiden Naturen kann man die verschiedenen Zustände verstehen, die ein Mensch durchmacht. Im Allgemeinen bringt man alles durcheinander. Die Christen sagen »Jesus« oder »Christus«, ohne irgendeinen Unterschied zu machen. Jesus war der Mensch, der zu einer bestimmten Zeit in Palästina gelebt hat, und Christus ist das göttliche Prinzip, das in Jesus niedergefahren war und sich durch ihn manifestierte. Leider kann selbst der höchste Eingeweihte nicht ununterbrochen seine göttliche Natur äußern. Wenn Jesus erschöpft war, äußerte sich also der Mensch, das heißt die Personalität. Und der Mensch kann Feindseligkeit empfinden, Angst vor dem Tod haben und sich von Gott verlassen fühlen. Wenn Christus in diesem Augenblick am Kreuz gesprochen hätte, wie hätte er, da er doch Gott ist, sich selbst verlassen können?[2]

Jesus konnte ermüden, Hunger und Durst haben oder Schlaf benötigen. Das ist normal. Aber wenn Christus sich durch ihn äußerte, sagte er: »Ich und der Vater sind eins. – Ich bin das Brot des Lebens, das vom Himmel herabgekommen ist. – Ich bin das Licht der Welt. – Ich bin die Auferstehung und das Leben. – Ich bin der Weinstock, ihr seid die Reben. – Ich bin der Weg, die Wahrheit und das Leben.« – Seht ihr, das ist ganz eindeutig, nicht wahr? Für das Menschliche kann es von Zeit zu Zeit Lücken, Mängel oder eine Verdunkelung geben. Aber wenn das göttliche Prinzip sich manifestiert oder spricht, gibt es weder Irrtum noch Schwäche. Wenn man die Evangelien oder irgendein anderes heiliges Buch liest, muss man diesen Schlüssel besitzen, um zu wissen, wann der Mensch und wann die Gottheit sich durch ein Wesen äußert.

Für euch gilt genau das Gleiche. Ihr müsst wissen, dass auch ihr zwei Naturen habt: eine menschliche und eine göttliche. Ihr dürft sie nicht miteinander verwechseln. Aber gerade auf diesem Gebiet irrt man sich oft und macht die meisten Fehler. Wenn die göttliche Stimme ihre Ratschläge gibt, glaubt man ihr nicht und macht Dummheiten. Aber sobald die Personalität sich äußert, hört man sofort auf sie und macht wiederum Dummheiten! Man muss die beiden zu unterscheiden wissen. Ihr habt euch noch nicht genug damit beschäftigt, um die beiden Naturen voneinander unterscheiden zu können und zu wissen, auf welche ihr hören sollt. Dies ist ein sehr wichtiger Punkt, weil er kolossale Folgen nach sich zieht. Alles Leid des Menschen kommt daher, dass er nicht zu unterscheiden vermag, wann er von seiner Personalität und wann er von seiner Individualität beeinflusst wird. Ich habe schon so oft über dieses Thema gesprochen. Ich bestehe immer wieder darauf, aber ihr achtet nicht darauf. Ihr lasst dieses Thema beiseite, weil ihr es nicht besonders interessant findet. Dennoch hängt gerade davon euer Fortschritt, euer Erfolg und euer Glück ab. Es gibt nichts Wichtigeres als zu wissen, was in euch vorgeht, woher eure Impulse und Inspirationen kommen.[3]

Als Jesus das erste Mal über seinen Tod sprach, sagte Petrus zu ihm: »Herr, nein, das soll dir nicht widerfahren! « Und Jesus antwortete: »Hinweg von mir, Satan! Du bist mir ein Fallstrick, denn du sinnst nicht, was göttlich ist, sondern was menschlich ist.« Hier sieht man deutlich, dass Jesus nicht nur den Gedanken Gottes und den Gedanken des Menschen – die Individualität und die Personalität – klar unterschied, sondern dass er erkannt hatte, dass der Teufel ihn versuchte, denn er sagte ja: »Hinweg von mir, Satan!« Der Kampf zwischen Individualität und Personalität wiederholte sich im Garten von Gethsemane. Dort versuchte seine Personalität ihn nicht durch eine andere Person, sondern durch ihn selbst. Auch dort sagte er ihr: »Schweig!« und zum Herrn: »Nicht wie ich will, sondern wie Du willst!« Und das genügte. Er musste leiden, zugrunde gehen und trotzdem sagte er: »Dein Wille geschehe!« Er stieß die Personalität zurück und beugte sich der Göttlichkeit. Aber wer erklärt die Dinge schon auf diese Weise? Man sagt immer: »Im Garten von Gethsemane begann Jesus die Angst vor dem Tode zu spüren. Als er gekreuzigt wurde, sagte Jesus: Vater, vergib ihnen, denn sie wissen nicht, was sie tun.« Doch sieht man nichts von den initiatischen Wahrheiten, die in diesem Augenblick seines Lebens enthalten sind. Man sieht weder, dass es sich dabei um psychische Vorgänge handelt, um entgegengesetze Kräfte, die miteinander kämpften, noch achtet man darauf, welchen Anteil die Person selbst in diesem Kampf übernahm.

Die Worte, die Jesus am Kreuz sagte: »Vater, vergib ihnen, denn sie wissen nicht, was sie tun«, lassen sich nur durch einen Kampf zwischen der Personalität und der Individualität erklären. Und aus diesem Kampf ging die Individualität siegreich hervor. Glaubt nicht, dass es Jesus leicht fiel, Leuten zu vergeben, die ihn verhöhnt, geschlagen, mit Dornen gekrönt und gekreuzigt hatten! Doch verband er sich mit seiner Individualität, mit seinem Himmlischen Vater und durch Ihn hindurch, durch die unermessliche Liebe und das Licht Gottes, hat er seinen Feinden und Henkern verzeihen können. Glaubt mir, nur wer sein ganzes Leben lang nach der Vereinigung mit Gott gestrebt hat, das Göttliche auf sich gelenkt hat und von der Göttlichkeit eingenommen ist, kann wirklich so vergeben, wie Jesus es tat.

Ihr solltet euch als äußerst bevorzugt und geistig reich betrachten, da ihr in einer Einweihungsschule seid und schon so viele Verbindungen und Erfahrungen mit der göttlichen Welt machen durftet. Ihr solltet diesen Reichtum anzuwenden wissen. Wenn man euch ungerecht behandelt, müsst ihr euch sagen: »Mein Gott, wie unwissend, arm und schwach dieser Mensch ist! Er verdient wirklich, dass ich ihn bedaure und sogar etwas für ihn tue.« Auf diese Weise vergebt ihr und habt alles gewandelt. Anstatt Groll und Rachegelüste zu nähren, ist sofort alles ausgelöscht. Seid großzügig und dankt dem Herrn!

Ohne dieses Wissen gibt es euer ganzes Leben lang Gelegenheiten, um euch selbst zu quälen. Da ihr euren Feind nicht vernichten könnt, lebt ihr mit Groll im Herzen, der euch nicht wieder loslässt und euch das Dasein vergiftet. Euer Feind geht dabei in Ruhe spazieren, er isst, er trinkt, er schläft und treibt seine Geschäfte, während ihr euch selbst zugrunde richtet. Man muss also vergeben können. Ja, aber wenn man dumm und unwissend ist, kann man nicht vergeben, denn dazu muss man dieses Wissen besitzen.

Anmerkungen

1. Siehe Band 241 der Reihe Izvor »Der Stein der Weisen – Von den Evangelien zur Alchimie«, Kapitel 1: »Über die Deutung der Schriften«.
2. Siehe Band 240 der Reihe Izvor »Söhne und Töchter Gottes«, Kapitel 7: »Der Mensch Jesus und das kosmische Prinzip des Christus«.
3. Siehe Band 11 der Reihe Gesamtwerke »Der Schlüssel zur Lösung der Lebensprobleme«.

Kapitel 8

»Wenn dich jemand auf deine rechte Backe schlägt...«

In den Evangelien heißt es: »Wenn dich jemand auf deine rechte Backe schlägt, dem biete auch die andere dar...« (Mt 5,39). Mögen die Christen mir verzeihen, was ich jetzt sagen werde, denn es wird alle ihre Vorstellungen übertreffen. Die Zukunft wird jedoch beweisen, dass meine Interpretation der Wahrheit entspricht. Einige Gebote, die in der Vergangenheit angebracht waren, sind in der Gegenwart und in der Zukunft nicht mehr maßgebend und wirksam.

Die Worte Jesu bedeuten nicht, dass man bei Beleidigungen und schlechter Behandlung immer passiv bleiben, alles hinnehmen, sich unterwerfen, alles ertragen und zum Schluss selbst dabei zugrunde gehen soll. Es mag sein, dass man seine Worte so verstanden hat, aber ich werde euch beweisen, dass er etwas anderes damit gemeint hat. Wenn ihr kein Licht habt, bleibt euch natürlich nichts anderes übrig als untätig und unterwürfig zu sein und euch unterdrücken zu lassen. Aber die Moral schwacher und unwissender Menschen darf nicht ewig andauern. Nirgends steht geschrieben, dass die Geistlichen, die Weisen, die Eingeweihten, die Söhne Gottes ewiglich unterworfen, versklavt, geschlagen und umgebracht werden sollen, damit immer nur die Dummköpfe, die unehrlichen und schlechten Kreaturen triumphieren. Im Augenblick ist es so, weil die Menschen ihren göttlichen Funken, die Sonnenkraft, das Feuer, die Wärme, das Licht und das Leben verloren haben, und deshalb werden sie zwangsläufig geschlagen und schlecht behandelt.

Es heißt: »Ihr seid das Salz der Erde. Wenn nun das Salz nicht mehr salzt, womit soll man salzen? Es ist zu nichts mehr nütze, als dass man es wegschüttet und lässt es von den Leuten zertreten«[1] (Mt 5,13). Ja, wenn ihr eure Schärfe verliert, werden die Menschen euch so lange mit Füßen treten, bis ihr sie wiederfindet. Es heißt nicht, dass man immer mit Füßen getreten werden soll. Wenn man sich jedoch von Gott entfernt, verliert man seine Kräfte, und dann ist man natürlich nachher von brutalen und unehrlichen Menschen abhängig.

Zur Zeit Jesu mussten die Menschen Tugenden und gute Eigenschaften entwickeln, die zuvor nicht besonders geäußert wurden, wie zum Beispiel Nachsicht, Milde, Erbarmen. Bis da hin herrschte das Gesetz der Gerechtigkeit: Auge um Auge, Zahn um Zahn. Die neue Moral, die Christus einführte, sollte also die Herzenswärme der Menschen entwickeln. Anstatt immer brutal mit Steinen, Messern oder Schwertern zu antworten, sollten sie edlere, erhabenere Mittel wie Demut, Liebe, Geduld und Seelengröße anwenden. Das ist der Sinn der Worte Christi. Was er jedoch damals für seine Epoche sagte, darf nicht für alle Ewigkeit als gültig betrachtet werden. Er kommt wieder und sagt: »Versteht mich jetzt richtig, es gibt ein noch besseres Verhalten. Wenn ihr eine Ungerechtigkeit erleidet, müsst ihr dem Gegner mit so viel Verstand, Charakterstärke, Wissen, Licht und Herzenswärme antworten, dass ihr ihn vollkommen überrennt, blendet und niederschmettert. So vernichtet ihr ihn nicht, sondern wandelt ihn und gebt ihm neues Leben! Anstatt ihn zu töten, belebt ihr ihn, das heißt ihr führt ihn zu Gott. Wenn ihr dazu fähig seid, seid ihr wahre Helden, wahre Söhne Gottes.«

Warum soll man sich immer zugrunde richten und seine Feinde triumphieren lassen? Man darf die Menschen nicht umbringen und ihnen nichts antun, aber man darf auch nicht akzeptieren, immer von den anderen unterdrückt zu werden. Man muss Selbstverteidigung erlernen, indem man wie die Sonne wird. Strahlt ein so starkes Licht aus, dass ihr die bösen und grausamen Angreifer blendet und sie blind macht. Ja, macht sie blind und dann öffnet ihnen die Augen, genau wie Christus es auf dem Weg nach Damaskus mit Saulus tat, als dieser die Christen umbringen wollte: Er strahlte ein starkes Licht aus und schon war der andere geblendet! Und so wurde aus Saulus Paulus. Angenommen ihr könntet die Leute ganz einfach für einige Minuten lähmen und sie dann wieder gehen lassen. Würden sie euch dann noch bekämpfen? Die neue Moral heißt: Seid gewalttätigen und grausamen Leuten gegenüber nicht schwach, sondern wie eine Sonne, sodass sie euch weder beschmutzen noch erreichen können, und wenn sie sich nähern, lasst sie durch eure Güte und euer Licht wie Wachs schmelzen.

Die Menschen besitzen diese Lichtkraft noch nicht, weil sie nie an sie gedacht haben. Sie haben sich der Schwäche gewidmet. Unter dem Vorwand, Jesus habe gesagt, die andere Backe hinzuhalten, haben sie zu törichten Philosophien Zuflucht genommen. Gut, ihr könnt so viele Backen hinhalten, wie ihr wollt, aber das nützt nichts; ihr ändert eure Feinde nicht, sie geben euch weiterhin Ohrfeigen, und am Ende bringen sie euch um. Man muss diesen Satz jetzt anders verstehen. Die andere Backe bedeutet die andere Seite, eure andere Seite: der Geist, die Kraft und das Licht. Jesus hat seinen Feinden diese andere Seite gezeigt, als er ihnen sagte: »Ihr könnt den physischen Leib einsperren und kreuzigen, aber ich werde euch die andere, die erhabene, die unzerstörbare Seite zeigen und meinen Tempel in drei Tagen wieder aufrichten. Jetzt könnt ihr zuschlagen!« Er zeigte seine andere Seite und die ganze Erde war erschüttert.

Christen und Geistschüler müssen noch sehr viel lernen und verstehen. Anstatt sich immer von den Mächten der Finsternis, von materialistischen Philosophien besiegen zu lassen, sollten sie sich vereinigen, um selbst zu siegen. Sie sagen immer nur zu allem Ja und Amen. Sie akzeptieren alles. Nun müssen sie sich zusammentun, denn sie sind imstande, die Welt zu ändern und das Reich Gottes auf Erden zu errichten. Heute ist eine andere Epoche, heute darf man nicht mehr sagen, Jesus habe gelehrt, die andere Wange hinzuhalten und Märtyrer zu werden. Das galt für die Vergangenheit, weil man damals nicht anders konnte und nicht weit genug entwickelt war, um auf erhabene und göttliche Weise Widerstand zu leisten; aber jetzt ist das anders.

Jetzt muss man versuchen, die Kraft des Geistes durch sein Wissen, seine Liebe, seine Gesten und sein Verhalten zu äußern. Gerade das ist die wahre Macht. Warum soll man schwach, kränklich und feige sein? Um sich als christlich zu zeigen? Nun, wenn das das Ideal der Christen ist, bin ich der Erste, der sagt, dass mit solchen schwachen und unwissenden Leuten das Übel nie die Erde verlassen wird! Man muss stark, kräftig, dynamisch und aktiv – ja sogar heftig und gewalttätig sein, aber natürlich nicht auf der physischen Ebene. Das falsch verstandene Christentum bringt überhaupt nichts ein. Wahres Christentum heißt bewaffnet sein, jedoch mit

Waffen anderer Art. Wenn man euch angreift, müsst ihr die andere Seite zeigen, von der Jesus sprach. Und diese andere Seite ist bewaffnet und nicht schwach und kraftlos. Aber man hat nie erklärt, was die andere Seite ist.

Was in der Vergangenheit nicht richtig verstanden wurde, wird jetzt klar und eindeutig. Viele neue Wahrheiten werden sogar noch hinzugefügt werden, denn es gibt keinen Stillstand. Alles ist in Bewegung, alles entwickelt sich. Übrigens hat Jesus den Beweis dafür gegeben; denn er hat eine neue Moral gebracht, die weiter ging als die des Moses. An mehreren Stellen der Evangelien wiederholt er: »Es ist gesagt... aber ich sage euch...« Zum Beispiel: »Ihr habt gehört, dass zu den Alten gesagt ist: »Du sollst nicht töten; wer aber tötet, soll dem Gericht verfallen sein.« Ich aber sage euch: Jeder, der seinem Bruder zürnt, soll dem Gericht verfallen sein.« Und ebenso: »Ihr habt gehört, dass gesagt ist: »Du sollst nicht ehebrechen!« Ich aber sage euch: Jeder, der eine Frau ansieht, um sie zu begehren, hat in seinem Herzen schon Ehebruch begangen.« – »Wiederum habt ihr gehört, dass zu den Alten gesagt ist: »Du sollst nicht falsch schwören« – »Du sollst aber dem Herrn deine Eide halten«. Ich aber sage euch, dass ihr überhaupt nicht schwören sollt.« »Ihr habt gehört, dass gesagt ist: »Du sollst deinen Nächsten lieben und deinen Feind hassen.« Ich aber sage euch: Liebet eure Feinde und bittet für die, welche euch verfolgen, damit ihr Söhne eures Vaters in den Himmeln seid!«

Ihr seht also, dass die Moral, die Jesus eingeführt hat, nicht die gleiche war, wie die des Moses. Und warum sollte jetzt nicht eine neue, noch bessere Moral verbreitet werden? Dies wird die Christen natürlich schockieren, denn sie wollen nicht, dass es nach Jesus noch etwas anderes gibt. Ihrer Ansicht nach kann man nichts Neues hinzufügen. Angenommen Christus käme selbst, um weitere Begriffe hinzuzufügen, weil sich alles entwickelt. Könnten die Christen das verhindern? Alle Nachzügler, alle Verharrenden werden hinter den anderen zurückbleiben. Wir sind für die Entwicklung, für etwas noch Größeres, für das neue Leben, für die neue Religion, die sich in der Welt verbreiten wird, für die wahre Religion Christi, die bisher noch nicht verwirklicht worden ist.

Was konnte man den Menschen schon verständlich machen, solange sie noch primitiv waren? Man musste ihnen zuallererst wenigstens Gerechtigkeit beibringen. Moses war der Bote der Gerechtigkeit. Danach hat der Himmel Jesus geschickt, damit er Liebe und Vergebung lehrte. Ja, aber auch auf diesem Niveau darf man nicht stehen bleiben. Es gibt noch einen höheren Grad, denn Vergeben allein löst keine Probleme. Ist es etwa verboten, wenn euch zum Beispiel jemand angreift, stärker zu sein als er, ihn am Bein zu packen, ihn in die Luft zu schleudern und zu sagen: »Soll ich dich zu Boden schmettern?« Aber das tut ihr nicht, ihr stellt ihn behutsam wieder auf seine Füße. Ist das nicht viel besser?

Komisches Christentum, das von einem verlangt, sich ständig unterdrücken und zerstören zu lassen! Nein, man soll stärker als der Feind sein. Ihr müsst ihn eure Überlegenheit durch eine Geste, einen Blick oder eine göttliche Schwingung spüren lassen. Dann fühlt er sich so klein und unbedeutend, dass er euch anfleht: »Lass mir bitte das Leben!« – »Aha, mein Freundchen, weißt du jetzt Bescheid?« Und wenn ihr ihn dann in Ruhe lasst, nimmt er seine Beine unter die Arme und läuft davon. Ist das nicht besser? Doch, viel besser! Bisher war man jedoch noch nie so ehrgeizig, einen solchen Wunsch überhaupt zu formulieren. Gerade diesen Ehrgeiz möchte ich euch vermitteln. Wann ihr euer Ziel erreicht, ist eine andere Frage. Zumindest müsst ihr es aber wollen, denn wenn ihr ewig passiv, nachgiebig, schwach, verwundbar und zurückhaltend seid, bringt ihr es zu nichts in der Welt.

In der Zukunft wird es keine Märtyrer mehr geben. Die Märtyrer haben das Ihre gegeben und ihre Aufgabe erfüllt. Sie haben übrigens hauptsächlich deshalb gelitten, weil sie ihre Schulden und Übertretungen aus der Vergangenheit schneller begleichen wollten. Müssen sie aber immer Märtyrer bleiben, auch wenn sie sich von allem befreit haben? Nein. In der Zukunft werden manche Wesen so mächtig sein, dass sie nahende, übel gesinnte Personen schon aus der Entfernung neutralisieren können. Ihr werdet sagen: »Sie gehen aber ein bisschen sehr weit...« Ja, das stimmt, aber es ist an der Zeit, die Menschen sehr weit zu bringen, denn im Augenblick stecken sie in einer Sackgasse.

Wenn euch das zu hoch ist, dann bleibt eben da, wo ihr seid, dann richten sich meine Worte eben an andere, die heldenhafter sind und stark, mächtig und geistig wach werden wollen; an solche, die sich nicht einfach von der Finsternis mitreißen lassen wollen. Wenn sie angegriffen werden, kämpfen sie. Sie lassen sich nicht völlig unterdrücken, weil sie meinen, sie müssten alles auf sich nehmen, weil dies der Wille Gottes sei. Gerade dann freuen sich die finsteren Kräfte und sagen: »Ach, die braven Christen sind so appetitlich und so zart im Geschmack! Man kann sie so schön genießen!« Und auf diese Weise nähren die Christen die Geister der Finsternis! Man könnte meinen, dass sie es gerade darauf abgesehen haben. Gut, meinetwegen, sollen sie sie nähren, wenn ihnen so viel daran gelegen ist! Wenn ein wahrer Christ jedoch von der Finsternis bedroht wird, verteidigt er sich und strahlt Licht aus. Licht vertreibt die Dunkelheit. Seht ihr, das ist ein wahrer Christ!

Manche wenden nun ein: »Man darf aber nicht kämpfen. Es steht doch geschrieben, dass man das Böse nicht bekämpfen soll.« Gewiss, ihr dürft das Böse natürlich nicht in seinem eigenen Bereich bekämpfen, weil es dort sehr mächtig ist und euch besiegen würde. Ihr müsst über es hinaufsteigen und es von oben mit Feuer bombardieren... dann werdet ihr schon sehen, wie es flüchtet. Der Mensch hat eine ganze Festung mit Kanonen und Feuer spuckenden Maschinengewehren in sich. Dies ist der Bereich des Lichts. Also, was hindert euch dann daran, alle Waffen auf eure Feinde zu richten und sie mit Licht zu beschießen? Ihr tötet sie ja nicht und tut ihnen nichts Böses an, sondern ihr wandelt sie, indem ihr die schädlichen Elemente aus ihren Köpfen und Herzen entfernt. Dazu habt ihr das Recht, also...! Aber nein, man will als Christ auftreten, das heißt man will sich quälen lassen, weil man angeblich nicht widersprechen darf. Es heißt doch nur, dass man nicht auf die gleiche Art und Weise antworten soll. Seht ihr, das bedeutet »die andere Backe« hinhalten.

Warum sollte man einen Feind töten, der einen umbringen will? Lähmt ihn, macht ihn blind, betäubt ihn, macht ihn unschädlich. Es gibt Komödien, in denen jemand mit bösen Absichten einer ganzen Familie schaden will. Aber dann kommt ein Freund der Familie hinzu, der ihn so mit seinen Worten und Fragen einwickelt, dass er völlig gefesselt und gelähmt ist. Der Freund war eben klüger als er. Man soll sich also gegen die Angreifer verteidigen, aber natürlich nicht mit denselben Waffen, sondern mit anderen

Mitteln, die enorm wirksam sind. Aber niemand greift auf sie zurück, weil niemand an ihre Wirksamkeit glaubt bzw. nicht einmal ahnt, dass sie existieren.

Das Christentum wird so lange auf der Stelle treten, bis es mit den göttlichen Mitteln zu arbeiten weiß. Da es der Sonne übrigens keinen Wert im spirituellen Leben beimisst, beweist dies, dass es noch keine ausreichenden Mittel gefunden hat, um das Übel zu besiegen. Hierfür möchte ich euch ein Beispiel nennen. Jesus sagte nicht nur, man müsse die andere Wange hinhalten, sondern verlangte außerdem, dass man seine Feinde liebe. Das ist schwer. Wenn es noch nicht einmal gewiss ist, dass man seine Freunde liebt, wie soll man dann seine Feinde lieben können? Analysiert euch einmal, und dann werdet ihr schon sehen, dass dies das Schwierigste ist, was es gibt; das könnt ihr mir glauben. Es fragt sich also, woher Jesus dieses moralische Gesetz bezogen hat. Von der Sonne! Sie gibt ihr Licht und ihre Wärme, egal ob ihr sie liebt oder nicht. Seht ihr, die Sonne ist die Einzige, die dieses Problem gelöst hat. Sie liebt sogar die schlechten, kriminellen Menschen, denn sie beleuchtet, erwärmt und belebt alle.

Ungeachtet ihrer Bedeutung für das Universum ist die Sonne schon im moralischen Bereich unermesslich groß und göttlich! Ihr werdet unter den Menschen, selbst unter den am höchsten entwickelten Wesen, nur sehr selten ein Abbild einer solchen unbegrenzten Liebe finden. Wenn ihr die wahre Moral sucht, könnt ihr sie nur bei der Sonne finden. Man hält großartige Predigten, aber man ist nicht imstande, sie in die Tat umzusetzen. Die Sonne sagt dagegen nichts, sie handelt. Sie sagt nicht: »Ich liebe euch. Ich liebe meine Feinde.« Sie schweigt und liebt ohne Unterlass die ganze Welt. Die Sonne kann uns über alle Gesetze der kosmischen Moral aufklären und uns zeigen, wie wir sie respektieren können.[2]

Jetzt möchte ich euch eine Geschichte erzählen. Es war einmal ein junger Mann, der sehr klug und vernünftig, aber körperlich nicht besonders stark war. Er war Lehrer. Als er eines Tages mit anderen jungen Leuten auf dem Dorfplatz sprach, war ein stämmiger, aber ein bisschen dummer Bursche nicht mit ihm einverstanden. Sie begannen zu streiten. Als der stämmige Bursche schließlich merkte, dass der Lehrer ihn durch seine klugen Argumente übertraf, wurde er zornig und gab ihm zwei Ohrfeigen, so dass er zu Boden ging. Die anderen lachten natürlich darüber und rühmten den Sieger, weil er eben ein kräftiger Kerl war. Und Kraft ist schon etwas sehr Beeindruckendes!

Der arme Lehrer ging traurig und bedrückt nach Hause, weil alle ihn ausgelacht und sich über ihn lustig gemacht hatten. Aber was sah er, als er nach Hause kam? Die Kuh hatte ein kleines, niedliches Kälbchen geboren. Er beugte sich nieder, um es zu streicheln und nahm es auf den Arm. Darüber vergaß er seinen Kummer. Am nächsten Tag und an allen darauf folgenden Tagen streichelte er das kleine Kälbchen und nahm es auf den Arm.

So ging es eine ganze Zeit lang. Nach mehreren Monaten war aus dem Kalb schon fast ein Bulle geworden, aber der Lehrer nahm es immer noch auf den Arm. Als er eines Tages merkte, wie stark seine Muskeln geworden waren, machte er einen Spaziergang zum Dorfplatz. Der stämmige Bursche war immer noch da und brüstete sich vor seinen Kameraden. Der Lehrer ging auf ihn zu und sagte: »Erkennst du mich wieder?« – »Und ob ich dich wiedererkenne! Du hast eine schöne Tracht Prügel bekommen!« Da bückte der Lehrer sich, packte ihn bei den Waden, schwang ihn in die Luft und sagte: »Mach dein Testament, ich werde dich zu Boden schmettern, dass keine Spur von dir übrig bleibt!« – »Vergib mir, lass mir das Leben, es tut mir Leid für die Ohrfeigen!« – »Gut, wenn das so ist, ist es in Ordnung.« Er stellte ihn vorsichtig wieder auf den Boden. Da nahm der stämmige Bursche seine Beine in die Hand und lief davon, während alle anderen sich freuten und Beifall klatschten. Der Lehrer kehrte zufrieden, stolz und siegesbewusst wieder nach Hause zurück. Seht ihr nun, dass man sich nie besiegen, mit Füßen treten oder zerstören lassen darf? Denn das ändert die Menschen nicht. Sie missbrauchen weiterhin ihre Macht und werden nicht besser. Wenn die Leute sehen, wie sanft und gutmütig ihr seid, sagen sie sich: »Wunderbar, der ist schwach, den können wir ausnutzen.«

Der Herr verlangt von seinen Dienern Kraft, Verstand, Licht und Macht. Wenn ihr also Schwierigkeiten, Hindernisse und Feinde besiegen wollt, müsst ihr euch folgendermaßen üben: Sucht gedanklich ein kleines Kälbchen und hebt es jeden Tag hoch, dann werdet ihr so stark, lichtvoll und mächtig, dass ihr nachher eure Feinde hochschleudern und ihnen sagen könnt: »Mach dein Testament, sonst bleibt nichts von dir übrig!« Dabei tötet oder verletzt ihr sie nicht, also kann man euch keine Vorwürfe machen. Seht ihr, das ist die wahre Moral: Ihr bringt keinen um, sondern ihr helft den Menschen, so dass sie anständig, vernünftig und aufmerksam werden. Ihr gebt ihnen eine meisterhafte Lektion.

Man darf sich nicht hinter der Schwäche verbergen. Weder Schwäche, noch Dummheit, noch Faulheit können euch retten. Ihr solltet meditieren, suchen und lernen, und wenn ihr wie die Sonne strahlt und Wärme verbreitet, wird keiner euch mehr berühren wollen, aus Angst sich an euch zu verbrennen! Alle wahren Distanz, keiner wird es mehr wagen, sich euch zu nähern, weil ihr – symbolisch gesehen – brennend heiß wie Feuer und Flammen seid. Bei geistiger Macht muss man immer kapitulieren.

Ihr werdet sagen: »Ja, wenn aber der Gegner sieht, dass man die andere Wange hinhält, ist er aufgeschmissen und bittet um Verzeihung...« Das glaubt ja nicht! Daraus macht er sich überhaupt nichts. Im Gegenteil, er bedrängt euch umso mehr. Man sollte ganz einfach dem Beispiel des Lehrers folgen, der jeden Tag das kleine Kälbchen hochhob. Das ist ein ideales, einzigartiges Beispiel. Ihr übt euch jahrelang Tag und Nacht und geht dann zu euren Feinden und sagt: »Nun, erkennt ihr mich wieder? Jetzt werdet ihr etwas erleben!« Und wenn sie eure Kraft und euer Licht sehen, begreifen sie, dass ihr großartig geworden seid, während sie sich auf ihren Lorbeeren ausruhten.

Es gibt zwei Ausdrucksformen (eigentlich sogar drei, vier, fünf oder zehn, man braucht nicht alle aufzuzählen), aber um es zu vereinfachen, sagen wir zwei: Güte und Macht, die man anzuwenden wissen muss. Wenn ihr traurig, entmutigt oder ängstlich seid, plagen euch oft unerwünschte Geister wie Fliegen, Wespen, Mücken oder Schlangen. Sollt ihr hier etwa gütig sein, damit sie euch anfallen und aussaugen? Nein, in dem Moment müsst ihr eure Macht, eure Stärke, euer Licht durch eure Worte oder Gesten zeigen, und schon erteilt ihr ihnen eine saftige Lektion. Das kann man jeden Tag tun. Warum sollte man leiden und weinen? Zeigt die andere Seite, die Stärke, die

Willenskraft, das heißt jagt sie fort, lasst euch auf keine Gedanken und Gefühle ein, die euch ängstigen und euch zugrunde richten.

Ist das jetzt klar? Dies widerspricht ein wenig euren bisherigen Vorstellungen, nicht wahr? Aber das macht nichts, wenn es nur nützlich und wirksam ist. Man soll das Beste nehmen, anstatt ewig auf unnützen Ansichten und Einstellungen zu beharren. Im Augenblick seid ihr natürlich schockiert, aber später werdet ihr diese neue Auffassung annehmen müssen, die uns anspornt, immer stärker und stärker zu werden und immer mehr Macht zu besitzen, ohne sie zum Töten, Zerstören oder Vernichten anzuwenden. Ja, durch das Licht!

Also solltet auch ihr euch darin üben. Nur durch Übung erreicht man etwas! Seid ihr auf den Kampf gegen die finsteren Mächte vorbereitet, wenn der Krieg ausbricht? Zunächst solltet ihr versuchen, die kleinen inneren Feinde zu besiegen und zu unterwerfen. Lasst euch nicht immer alles gefallen, indem ihr vorgebt: »Wir sind Christen, wir dürfen nicht kämpfen.« Mein Gott, was für komische Christen! Die wahren Christen sind Ritter, Streitkräfte, das Heer Christi, und das muss bewaffnet sein.

Im Übrigen sagte auch Jesus: »Ich bin nicht gekommen Frieden zu bringen, sondern das Schwert« (Mt 10,34). Jesus war also für die Gewalt. Ja, aber welche Gewalt? Dies gilt es zu begreifen. Er hat der Finsternis und allem Dunklen und Schlechten durch die ungeheure Kraft des Lichts, der Liebe und der Weisheit den Krieg erklärt. Was macht denn die Sonne? Keiner ist so gewaltsam wie sie. Sie verbreitet Hitze, ohne euch nach eurer Meinung zu fragen und zwingt euch dazu, euren Mantel auszuziehen. Mit ihrem Licht und ihrer Wärme zwingt sie auch alle Samen auf der ganzen Erde zum Sprießen. Die Sonne ist das gewaltsamste Wesen, das es gibt. Sie verbreitet ihre Wärme und ihr Licht und verjagt die Finsternis; dabei könnt ihr gar nichts machen. Der Tod kann vor der Sonne nicht existieren, da sie alles belebt. Die Gewalt der Sonne ist phänomenal!

Ja, deshalb gäbe es auch viel über die Gewaltlosigkeit Gandhis zu sagen. Gewiss, für die damalige Zeit und unter den historischen Umständen war sie großartig, um Indien von England zu befreien. Aber im Allgemeinen ist die Gewaltlosigkeit für ein einzelnes Land gefährlich, denn dadurch läuft es Gefahr, von anderen unterdrückt zu werden.

Die Gewaltlosigkeit ist nur unter der Bedingung, dass die ganze Menschheit diese Philosophie annimmt, eine ideale Lösung. Sonst würde es immer irgendwelche egoistischen und grausamen Nachbarn geben, die das arme, unglückliche Volk, das sich nicht verteidigen will, schnell vernichten werden. Die gewaltlose Philosophie eignet sich für denjenigen, der seine niedere Natur zähmen und sich opfern will, um schneller fortzuschreiten, doch kann sie das Problem der Kriege in der Welt nicht lösen. Wenn ein Volk sich nicht verteidigen will, wird es auf wirtschaftlicher und materieller Ebene schnell vernichtet.

Nun muss die gewaltlose Philosophie kollektiv, weltumfassend, universal werden und sich in der ganzen Menschheit verbreiten, anstatt sich auf einige Idealisten zu beschränken. Denn solange sie nicht kollektiv ist, wird sie nichts verändern. Wie viele sind getötet worden, weil sie ein Vorbild des Edelmutes sein wollten! Aber dadurch hat die Menschheit sich doch nicht geändert. Deshalb muss diese Weltanschauung sich in allen Ländern verbreiten. Eine Einstellung kann gut sein, wenn sie kollektiv ist, aber gefährlich, wenn sie individuell ist. Obwohl in Wirklichkeit sogar eine individuelle Einstellung trotz allem positiv ist; denn die Heiligen, die Märtyrer und alle jene, die sich geopfert haben, kommen mit guten Eigenschaften, mit großartigen Begabungen wieder auf die Erde zurück und können die anderen zum Guten beeinflussen. Nichtsdestoweniger muss die Frage der Gewaltlosigkeit auf weltweiter Ebene behandelt werden, denn sonst wird sie nie richtig gelöst werden.

Anmerkungen

1. Siehe Band 241 der Reihe Izvor »Der Stein der Weisen – Von den Evangelien zur Alchimie«, Kapitel 3: »Ihr seid das Salz der Erde«, Teil 1 und Teil 2« und Kapitel 4: »Wenn das Salz seinen Geschmack verliert...«.
2. Siehe Band 10 der Reihe Gesamtwerke »Sonnen Yoga – Surya-Yoga – Die Herrlichkeit von Tiphereth«, Kapitel 20: »Die Sonne ist der beste Pädagoge, weil sie ein Vorbild darstellt« und Band 15 »Liebe und Sexualität«, Kapitel 3: »Die Sonne, Quelle der Liebe«.

Kapitel 9

»Wachet und betet«

Teil 1

Wenn bösartige Wesenheiten euch ausnutzen wollen, versuchen sie zunächst, euch zu einem Fehler zu verleiten. Eure Schwäche gibt ihnen die Möglichkeit euch zu quälen. Wenn ihr ihnen widersteht und keine Fehler begeht, können sie nicht in euch eindringen. Deshalb hat der Teufel nur die Macht, die ihr ihm gebt: Ihr öffnet ihm eine Tür und erlaubt ihm, in euch einzudringen. Er legt euch keinen Zwang auf, sondern macht euch nur Vorschläge, auf die ihr eingeht. Sobald ihr gewisse Gedanken und Gefühle zulasst, findet der Teufel oder die negative Kraft eine offene Tür vor.

Der Teufel ist deshalb so mächtig, weil die Menschen nicht merken, dass die meisten verlockenden Dinge eine Falle verbergen. Egal ob man nun einen Mann oder eine Frau verführt, um sie nachher wieder im Stich zu lassen, ob man Gegner ausschaltet oder sich den Besitz anderer aneignet, man sieht am Anfang immer nur großartige Perspektiven. Aber gerade die Tatsache, dass alles am Anfang nur vorteilhafte Aspekte zeigt, ist die Falle. Seht ihr, deshalb ist es ein Fehler, den Teufel mit einer abstoßenden Gestalt, mit Hörnern und Ziegenfüßen darzustellen und zu sagen, er würde die unglücklichen Menschen in den Höllenkessel werfen usw. Der Teufel ist bezaubernd schön, verführerisch und gut gekleidet. Überall da, wo es Vergnügen, Ehren oder Geld zu erwerben gibt, findet man ihn. Er wird sogar zum Tee eingeladen, denn er hat die besten Manieren und ein elegantes Auftreten. Da die Menschen natürlich nicht vermuten, dass das der Teufel ist, lassen sie sich verführen. Hierdurch öffnen sie ihre Festung einen Spalt breit und können dann dem Feind nicht mehr entkommen. Man muss die Beschaffenheit der Vorschläge, die die bösen Geister uns machen, zu unterscheiden lernen. Sie flüstern uns ständig unzählige verlockende Versprechen zu, um uns zu überreden, und wenn wir darauf eingehen, sind wir verloren.

Wie viele Menschen klagen über Angstzustände, Qualen und Nervosität! Sie wissen nicht, dass ihre negative Verfassung die Auswirkung gewisser Fehler ist, die sie vor mehr oder weniger langer Zeit begangen haben. Diese Fehler haben den feindlichen Kräften Einlass gewährt, um Schaden anzurichten. Deshalb solltet ihr euch erst einmal fragen, ob ihr nach den göttlichen Vorschriften handelt, bevor ihr irgendetwas unternehmt, ob ihr etwas gewinnt oder etwas einbüßt, ob ihr euch befreit oder euch im Gegenteil bindet. Handelt erst nachdem ihr alles überdacht habt und seid euch wenigstens der entstehenden Folgen und des Risikos bewusst, negativen Kräften die Tür zu öffnen. Jesus sagte: »Wachet und betet!« Wenn ihr euch daran gewöhnt, immer bewusst und aufmerksam zu sein und euch mit dem Himmel zu verbinden, seid ihr geschützt. Die schlechten Kräfte können euch zwar drohend umkreisen und Grimassen schneiden, aber sie können nicht in euch eindringen.

Viele unerklärliche Krankheiten, die die Ärzte mit Hilfe der Chemie oder der Chirurgie zu heilen versuchen, sind in Wirklichkeit das Werk negativer Kräfte. Die Menschen haben sie lange unbewusst angezogen, indem sie Türen geöffnet haben. Ja, aber ich weiß ganz genau, dass dies ein Thema ist, das man weder akzeptieren noch verstehen wird. Wie sollten die intellektuellen und medizinischen Kapazitäten des zwanzigsten Jahrhunderts die Behauptung akzeptieren, dass Wesenheiten der Astralebene die Menschen heimsuchen, um sie zu quälen und sich auf ihre Kosten zu nähren und sie zugrunde zu richten. Ihrer Meinung nach sind psychische Störungen auf chemische Elemente zurückzuführen. Das stimmt, aber die Wissenschaft weiß nicht, dass diese chemischen Elemente die Auswirkung der Gegenwart bösartiger Geister sind, die der Mensch angezogen hat. In der Astralebene wimmelt es von solchen Wesenheiten, und wenn die Menschen ihnen durch ihre Schwächen und Übertretungen Einlass gewähren, verursachen sie alle möglichen Störungen.[1]

Diese Tatsachen werden nicht nur in allen heiligen Büchern sehr gut erklärt, sondern auch von Hellsehern bestätigt. Da aber die meisten Menschen keine spirituellen Fähigkeiten entwickelt haben und die unsichtbare Welt nicht wahrnehmen können, haben sie ihre Philosophie einzig und allein auf den Beobachtungen der fünf Sinne aufgebaut, was zwangsläufig zu falschen Schlussfolgerungen führt.[2] Wenn Viren und Bazillen Lebewesen sind, die nur unter einem Mikroskop sichtbar sind, warum sollte es dann nicht auch andere Geschöpfe geben, die man noch nicht sehen kann, weil die Mikroskope noch nicht perfekt genug sind? Auf jeden Fall lässt sich nicht leugnen, dass sie einen ebenso sichtbaren Schaden verursachen wie die Viren. Die Wissenschaft wird zweifellos eines Tages Apparate erfinden, mit denen man die Gegenwart solcher Plagegeister ausfindig machen kann. Aber bis dahin sollte man lieber an ihre Existenz glauben und vor allem lernen, sich vor ihnen zu schützen, indem man ein vernünftiges und sinnvolles Leben führt.

Wenn die Gelehrten übrigens der Literatur ein klein wenig mehr Beachtung schenken wollten, anstatt sie nur als Werk der Phantasie zu betrachten, hätten sie sich über manche psychologischen Fälle von Personen, die eindeutig von Unerwünschten geplagt wurden, Fragen stellen müssen. In seiner Novelle »Der Horla« erzählt Maupassant zum Beispiel eine Geschichte, die seinem eigenen Leben ähnelt, denn er hat seine Tage in einem Irrenhaus beendet, weil er glaubte, allen möglichen bösen Wesenheiten zum Opfer gefallen zu sein.

In dieser Novelle beschreibt Maupassant eine Wesenheit, die er Horla nennt. Sie kommt, wenn er schläft. Sie setzt sich auf seine Brust, packt ihn an der Gurgel und würgt ihn. Dann drückt sie ihren Mund auf seinen und saugt ihm wie ein Blutegel das Leben aus dem Leib. Eines Morgens stellt er beim Aufwachen fest, dass der Krug, der vor dem Zu-Bett-Gehen voll Wasser war, ganz leer ist. Er überlegt, dass er ihn vielleicht schlafwandelnd selbst ausgetrunken hat. Dies will er jedoch nachprüfen und führt folgenden Versuch durch: Er nimmt einen Krug mit Wasser und einen mit Milch, verschließt sie mit einem Deckel und knotet sie in ein Tuch. Dann legt er sich schlafen. Als er nach einigen Stunden wieder aufwacht, sind die Tücher immer noch fest über den Deckeln verknotet, aber das Wasser und die Milch sind ausgetrunken!

Nach und nach merkt er, dass er keinen eigenen Willen mehr hat: Er will sich von seinem Sessel erheben, aber Horla hindert ihn daran. Er will mit dem Zug nach Paris fahren, aber anstatt seinem Kutscher den Befehl zu geben, ihn zum Bahnhof zu bringen, hört er seine eigene Stimme rufen, wieder nach Hause zu fahren. Schließlich sieht er sich eines Nachts nicht mehr im Spiegel, weil der Unerwünschte sich zwischen ihn und sein Spiegelbild gestellt hat, obgleich dessen Beschaffenheit äußerst feinstofflich ist. Von da an sucht er nach einem Mittel, ihn zu töten und steckt am Ende sein Haus in Brand. Das ist natürlich kein wirksames Mittel, denn man kann sich solcher Wesenheiten nicht durch physische Mittel entledigen.

Maupassant ist nicht der Einzige, der über solche Erfahrungen berichtet hat. Man darf sich keine falschen Vorstellungen machen, im Raum gibt es Milliarden böser Geister, die der Menschheit den Untergang geschworen haben. Natürlich gibt es auch Milliarden lichtvoller Wesenheiten, die ihr helfen und sie beschützen. Aber ihre Hilfe und ihr Schutz reichen nicht aus, wenn der Mensch nicht selbst etwas tut, um auf dem rechten Weg zu wandeln. Weder ein Meister noch sonst eine Wesenheit kann euch beschützen, wenn ihr euch auf ein unvernünftiges Leben versteift. Sie belehren euch, sie klären euch auf, sie versuchen sogar, euch durch ihre eigenen Gedanken und Gefühle zu beeinflussen, aber wenn ihr durch eure Gleichgültigkeit und eure Dummheit ihre gute Arbeit zunichte macht, was können sie dann tun?

Der beste Schutz gegen die Unerwünschten ist Reinheit und inneres Licht. Dann gibt es nichts mehr in euch, an das sie sich klammern können. Da sie keine Nahrung mehr in euch finden, und da sie Licht nicht vertragen können, verlassen sie euch. Deshalb habe ich euch seit Jahren schon so viele Methoden gegeben, um euch zu reinigen, euch mit Licht und Farben zu umgeben und den bösen Geistern unüberwindliche Schranken zu stellen![3] Das Licht mit seiner starken Schwingung vertreibt und vernichtet diese Wesenheiten. Deshalb sollte man wirklich mit dem Licht arbeiten und durch Meditation und Gebet sein Haus mit Licht durchfluten, damit es beschützt ist.[4] Wenn ich vom Licht spreche, meine ich damit in Wirklichkeit gute Wesenheiten. Wenn sie bei euch wohnen, lassen sie die anderen nicht hinein. Das Gleiche gilt auch für euch selbst: Umgebt euch mit Licht!

Wenn ihr eine starke Aura habt und in einer Lichtfestung lebt, bedeutet das aber noch lange nicht, dass ihr nie gestört oder belästigt werdet. Solange man auf Erden lebt, ist man leider nie vor Angriffen und Kämpfen sicher. Aber wenn man sich gut hinter dem Licht verbarrikadiert, sieht alles doch ganz anders aus. Selbst die Eingeweihten müssen sich schützen. Ja, sogar die stärksten und mächtigsten von ihnen müssen stets darauf achten, dass sie die angreifenden bösen Geister durch Lichtschranken und Flammenkreise fernhalten. Und dann bilden die schwachen und unwissenden Menschen sich ein, dass sie keinen Schutz brauchen! Es ist an der Zeit, dass ihr begreift, wie wichtig und ernst meine Erklärungen sind, denn sonst seid ihr allen möglichen Strömungen ausgeliefert. Denkt also von nun an jeden Tag daran, euch mit Licht zu umhüllen.

Manche werden sagen: »Aber man kann sich doch auch durch einen Talisman schützen.« Man glaubt felsenfest an seine Kraft. Gut, auch ich glaube daran, vielleicht sogar noch fester als alle anderen, aber ich habe eine andere Vorstellung davon. Ich bin von seiner schützenden Kraft überzeugt, wenn man psychisch und physisch mit seiner Macht und seinen Tugenden übereinstimmt, denn auf diese Weise stärkt und nährt man ihn. Aber wenn man nur auf ihn zählt, ohne mit seinen Eigenschaften im Einklang zu handeln, wirkt er nach einiger Zeit nicht mehr und stirbt sogar.[5]

Ein Talisman ist nur dann wirksam, wenn ihr ihn durch eure eigene Lebensweise unterstützt. Damit er seine Wirksamkeit nicht verliert, müsst ihr, wenn er von Reinheit geprägt ist, ein reines Leben führen, wenn er von Licht geprägt ist, euch mit Licht umgeben; wenn er von Kraft geprägt ist, lernen, ihm neue Kraft zu geben, usw. Das Gleiche gilt für die Aura. Wenn ihr euch damit begnügt, euch gedanklich mit Licht zu umgeben, ohne selbst ein lichtvolles Leben zu führen, ist eure Gedankenarbeit nicht besonders wirksam, denn das, was ihr auf der einen Seite aufbaut, zerstört ihr auf der anderen. Genau wie in den Märchen, wo böse Geister über Nacht die getane Arbeit des jungen Prinzen oder schönen Ritters wieder zerstören. Ihr dürft nie vergessen, dass in jedem Fall das einzig wirksame Mittel eine bessere Lebensweise ist.

Anmerkungen

1. Siehe Band 210 der Reihe Izvor »Die Antwort auf das Böse«, Kapitel 7: »Die Frage der Unerwünschten«.
2. Siehe Band 6 der Reihe Gesamtwerke »Die Harmonie«, Kapitel 4: »Der Schüler muss die Sinne für die geistige Welt entwickeln«.
3. Siehe Band 7 der Reihe Gesamtwerke »Die Reinheit, Grundlage geistiger Kraft«.
4. Siehe Band 226 der Reihe Izvor »Das Buch der göttlichen Magie«, Kapitel 17: »Exorzismus und Weihe von Gegenständen« und Kapitel 18: »Schützt eure Wohnstätte«.
5. Siehe Band 226 der Reihe Izvor »Das Buch der göttlichen Magie«, Kapitel 5: »Die Talismane«.

Teil 2

Euer ganzes Schicksal hängt von dem Leben ab, dass ihr heute führt, von der Richtung eurer Gedanken und Gefühle und von den Handlungen, für die ihr heute eure Energien ausgebt. Denn je nach dem, ob ihr aufmerksam und wachsam seid oder nicht, bahnt ihr euch den Weg eurer Zukunft oder versperrt ihn im Gegenteil mit allen möglichen nutzlosen oder sogar schädlichen Dingen, die sich eurer Entfaltung widersetzen.

Gestern hätte man sich den ganzen Tag auf heute vorbereiten müssen. Das ist das Geheimnis: Man sollte sich mehrmals am Tag fragen: »Was mache ich mit meinen Kräften? Wofür gebe ich sie aus?« und sollte ein bisschen vernünftig und sparsam sein. Nur so könnt ihr den nächsten Tag unter den besten Voraussetzungen beginnen.

Der wahre Schlüssel ist, immer aufmerksam und wach zu sein, sogar wenn ihr schlaft. Ja, wach. Warum heißt es: »Wachet und betet«? Sogar die Spiritualisten haben noch nicht begriffen, wie wichtig dieses Gebot ist. Warum soll man wachsam sein? Das ist doch ermüdend! Während Schlaf und physische und geistige Trägheit so angenehm sind! Seht ihr, die Menschen machen trotz des vor ihnen ausgebreiteten Universums, trotz der Sterne und der Sonne, trotz Bücher und großer Meister, die sie belehren, keine Fortschritte, weil sie schlafen. Sie schlafen die ganze Zeit. Ihr solltet also aufpassen und sagen: »Achtung, ich muss mich auf morgen vorbereiten und darf mich nicht mit allen möglichen Dingen belasten. Ich will bei allem, sei es bei Nahrung, Gedanken oder Gefühlen die feinsten und lichtesten Elemente zum Aufbau meines Gehirns und meines Herzens, meiner Lungen usw. wählen. Auf diese Weise bin ich immer, sogar während des Schlafs wach, heiter und tatkräftig!«

Es gibt verschiedene Grade des Schlafs. Es gibt einen schweren Schlaf, der dem Nichts gleicht und einen anderen bei dem das Gehirn klar und wach bleibt, so dass der Mensch währenddessen die beste Arbeit leistet und die besten Unterweisungen erfährt.[1] Das soll aber nicht heißen, dass ihr statt zu lesen oder zu meditieren nun schlafen sollt. Nein, denn wenn ihr zuvor nicht aktiv und wach wart und nicht energisch gearbeitet habt, könnt ihr keinen klaren

Schlaf finden. Wenn man das Wachsein erlernt, ist man sogar beim Schlafen wach. Obgleich man schläft, hört, versteht und handelt man in der anderen Welt.

Ihr dürft die Frage der Wachsamkeit nie aus den Augen verlieren. Ihr müsst wach sein, um den nächsten Tag vorzubereiten. Jetzt wird jemand sagen: »Aber das widerspricht den Worten Jesu. In den Evangelien heißt es an mehreren Stellen, dass man sich nicht um morgen kümmern soll.« Nun, da irrt ihr euch. Hier liegt kein Widerspruch vor. Jesus sagte nur deshalb, dass die Menschen nicht an morgen denken sollten, weil sie ständig besorgt waren, ob sie in der Zukunft genug zu essen, eine Unterkunft und genug Geld usw. hätten. Sie waren derartig von solchen Problemen eingenommen, dass sie die wichtigsten Dinge vernachlässigten, ihre Gesundheit einbüßten, die Menschen vor den Kopf stießen, alles durcheinander brachten, die Gesetze der Liebe und Gerechtigkeit übertraten und dem Geistigen keine Wichtigkeit beimaßen. Auf diese Weise sammelten sie jeden Tag so viele neue, ungelöste Probleme und wieder gutzumachende Fehler an, dass sie schließlich davon überlastet waren und darunter zusammenbrachen.

Darum riet Jesus, nicht an das Morgen zu denken, denn wenn ihr täglich auf ein einwandfreies Verhalten achtet, ist der nächste Tag unbelastet, und ihr könnt sorgenlos euren Bedürfnissen nachgehen, wobei ihr aber trotzdem aufmerksam sein müsst. Auf diese Weise seid ihr jeden Tag in guter Verfassung, könnt frei atmen, lernen, singen, euch erfreuen. Das ganze Leben nimmt eine außergewöhnliche Farbe von Glück und Segen an. Seht ihr, so sollte man es verstehen: Wenn ihr darauf achtet, heute alles in Ordnung zu bringen, denkt ihr indirekt an morgen.

Denkt also nicht an morgen, sondern an heute. Wenn heute alles in Ordnung ist, ist automatisch auch für morgen alles klar. Und da sich alles einprägt, prägt sich auch ein wunderbarer Tag ein, ein Tag des ewigen Lebens. Er verebbt nicht; er bleibt lebendig und versucht alle anderen Tage mitzureißen, damit sie ihm ähneln. Versucht wenigstens einen Tag lang richtig zu leben. Dieser eine Tag beeinflusst die anderen, fordert sie auf und überredet sie, genauso ausgeglichen, geordnet und harmonisch zu sein wie er selbst. Da ihr die magische Auswirkung der Dinge nicht kennt, werdet ihr sagen: »Was kann ein Tag schon ausmachen? Heute ist alles schief gelaufen, aber morgen bringe ich alles wieder in Ordnung.« Ja, aber nur wenn ihr sofort damit beginnt, denn sonst passiert das Gleiche wie auf dem Jahrmarkt, wo man mit einem Ball auf eine Dose oder einen Kegel zielt, die dann im Fallen alle anderen Dosen oder Kegel umwerfen.

Vor Jahren kam eine sehr seltsame Person in die Bruderschaft. Sie hatte alles, um glücklich zu sein. Ihr fehlte nichts und außerdem besaß sie noch das Licht der Lehre. Trotzdem war sie immer besorgt und traurig. Eines Tages wollte ich wissen, warum sie immer so unglücklich war und stellte ihr einige Fragen. Was habe ich da nicht alles erfahren! Sie machte sich ständig über die Zukunft Sorgen, denn es kann so viel passieren! Unfälle, Krankheiten, Ruin, Elend usw. Sie stellte sich die schrecklichsten Dinge vor und vergiftete sich damit ihr Dasein. Ich sagte ihr: »Eine solche Einstellung kann nichts Gutes bringen, im Gegenteil. Gewiss, man weiß nie, was uns in der Zukunft erwartet, aber man kann das befürchtete Unglück gerade dadurch vermeiden, indem man versucht, die Gegenwart vernünftig zu leben. Anstatt durch Ihre Sorgen um die Zukunft die Gegenwart zur Hölle zu machen, sollten Sie versuchen, aus der Gegenwart das Beste zu machen, denn dadurch bauen Sie sich eine gute Zukunft auf.«

Man kann sich seine Zukunft nicht mit einer schlechten Gegenwart aufbauen, denn es gibt keine Trennung zwischen den beiden. Glaubt nicht, dass euch eine dunkle, sinnlose Gegenwart eine erleuchtete Zukunft bringt. Das wäre genau das Gleiche, als wolltet ihr einen Marmorpalast auf einem Tonboden errichten. Er würde einstürzen. Leider tun das die meisten, die – nein, keine Luftschlösser – sondern die Zukunft aufbauen wollen. Sie wissen nicht, dass man auf einer wurmzerfressenen Gegenwart keine solide Zukunft aufbauen kann. Wenn ihr also einen schlechten Tag hinter euch habt, versucht wenigstens vor dem Einschlafen seine Auswirkungen durch positive Gedanken und gute Vorsätze für den nächsten Tag zu neutralisieren. Dann werden diese Gedanken wie Bienen über Nacht alles reinigen und in Ordnung bringen.

Ihr seid in diese Schule gekommen, um eurem Leben einen neuen Start zu geben. Ohne ihn bleibt ihr in eurem Durcheinander, leidet und beschuldigt alle, sogar den Herrn, für eure Missgeschicke verantwortlich zu sein und euren Wert nicht zu schätzen, wo ihr doch so gerecht, ehrlich und edelmütig seid, dass Himmel und Erde euch zu Füßen liegen müssten, um eure Launen zu befriedigen. Es ist höchste Zeit, solche unbegründeten Forderungen einzustellen und ein neues Leben zu beginnen. Ich weiß, das ist gar nicht so einfach, denn die alte Vergangenheit ist hartnäckig. Genauso wie die Zukunft an die Gegenwart gebunden ist, ist die Gegenwart mit der Vergangenheit verkettet. Allerdings mit dem Unterschied, dass wir die Zukunft ändern können, die Gegenwart aber nicht, weil sie die Konsequenz der Vergangenheit ist.[2]

»Wachet und betet«... Wachen bedeutet natürlich nicht zu schlafen, und zwar auf geistiger Ebene. Man sollte ständig über seine Gedanken wachen und darauf achten, dass man keine unreinen und schädlichen Strömungen und Elemente duldet. Wer nicht aufmerksam und wach ist, ist allen Gefahren ausgesetzt. Es gibt nichts Schlimmeres als mit geschlossenen Augen zu leben. Man sollte die Augen aufmachen, um zu wissen, was in einem vorgeht, in welchem Bewusstseinszustand man sich befindet und von welchen Gefühlen und Gedanken man heimgesucht wird. Nur wenn man die Augen aufsperrt, besitzt man die Einsicht in das Innenleben und lässt sich nicht von irgendeiner Kraft oder Wesenheit fesseln. Es ist doch ganz eindeutig, dass ein schlafender Mensch leicht zu überfallen ist! Also sollte man wachen.

Was bedeutet nun das Beten? Nachdem ihr gewacht habt, das heißt einen Blick nach innen geworfen habt, um zu sehen, was dort vor sich geht, solltet ihr direkt eingreifen, den Lauf der Dinge bestimmen, das eine Element entfernen, das andere hinzufügen. Ihr müsst Herr der Lage sein und die Feinde abwehren, damit sie euch nicht anfallen und ausplündern können. Das ist das Beten. Beten heißt ein Heilmittel anwenden, eine Besserung einführen; dies erreicht man am besten dadurch, dass man sich mit dem Himmel verbindet. Das menschliche Gehirn ist wie ein Radio oder ein Fernseher: Es fängt bestimmte Sender und Wellenlängen auf. Wenn ihr an eurem Transistor dreht, könnt ihr euer Programm wählen, zum Beispiel Musik oder Nachrichten.

Das Gleiche gilt für das Innenleben. Wenn ihr irrtümlich auf bestimmte Knöpfe drückt, hört ihr höllische Musik, Lärm und Streit. Also stellt euch auf eine andere Wellenlänge ein! Drückt in Gedanken durch eure Vorstellungskraft auf einen anderen Knopf, dann hört ihr den himmlischen Sender. Das ist ganz einfach!

Beten ist nichts anderes als auf den Knopf zu drücken, der die kürzesten und schnellsten Wellenlängen auslöst. Sie verbinden euch mit dem Herrn. Auf diese Weise ändert ihr eure innere Schwingung. Durch das Beten setzt man innerlich positive, lichtvolle und göttliche Bewegungen und Strömungen in Gang.[3]

Nichts in den Lehren der Eingeweihten übertrifft das Gebet, denn jeder kann beten, selbst der einfachste und unwissendste Mensch. Seht euch ein Kind an: Mit der ganzen Unschuld seines Herzens schreit es: »Mama!« Dieser Schrei ist ein Gebet, das die Mutter erhört. Auch ihr solltet wie Kinder mit der gleichen Offenherzigkeit, Unschuld und Reinheit beten, dann werdet ihr erhört. Sobald ihr betet, nähert sich ein Heer unsichtbarer Wesen. Man hört schon die Flügel der Engel rauschen, und die böswilligen Geister machen, dass sie davonkommen, denn sie wissen, dass sie sonst gequält, verbrannt und zerschmettert werden. Sie fürchten nur eines: das Licht! Deshalb sollte in jeder schwierigen und gefährlichen Stunde eure erste Reaktion die Verbindung zum Herrn sein. Steigert euer Licht, dann werden alle niederen Wesenheiten, die euch bedrohen, neutralisiert oder verjagt.

Manche werden sagen, dass sie beim Beten keine Ergebnisse erzielen. Hier habt ihr ein einfaches und wirksames Mittel: Wenn ihr beten wollt, stellt euch viele Geister auf der ganzen Welt vor, die sich alle auf den Herrn konzentrieren. Schließt euch gedanklich diesen Wesen an und betet mit ihnen. Wenn ihr mit zahlreichen lichtvollen Wesen gemeinsam den Himmel anfleht, ist eure Stimme nicht länger in der Wüste des Lebens isoliert. Aufgrund seiner Gemeinschaftlichkeit wird ein solches Gebet immer erhört, was euch dann gleichermaßen zugute kommt. Gerade weil ihr allein betet, erreicht euer Gebet sein Ziel nicht. Das Geheimnis liegt darin, sich mit allen Betenden zu verbinden, denn es gibt immer irgendwo auf der Welt Wesen im Gebet.

Anmerkungen

1. Siehe Band 228 der Reihe Izvor »Einblick in die unsichtbare Welt«, Kapitel 16: »Die Reisen der Seele im Schlaf«.
2. Siehe Band 231 der Reihe Izvor »Saaten des Glücks«, Kapitel 21: »Wir sind die Schöpfer unserer Zukunft«.
3. Siehe Band 305 der Reihe Broschüren »Das Gebet«.

Vom selben Autor:

Reihe Gesamtwerke

1	Das geistige Erwachen
2	Die spirituelle Alchimie
3	Die beiden Bäume im Paradies
4	Das Senfkorn – Symbole im Neuen Testament
5	Die Kräfte des Lebens
6	Die Harmonie
7	Die Reinheit, Grundlage geistiger Kraft
8	Sprache der Symbole, Sprache der Natur
9	»Im Anfang war das Wort«
10	Sonnen-Yoga, Surya-Yoga – Die Herrlichkeit von Tiphereth
11	Der Schlüssel zur Lösung der Lebensprobleme
12	Die Gesetze der kosmischen Moral
13	Die neue Erde – Anleitungen, Übungen, Sprüche, Gebete
14/15	Liebe und Sexualität (Doppelband)
16	Alchimie und Magie der Ernährung – Hrani-Yoga
17/18	Erkenne Dich selbst – Jnani Yoga (Doppelband)
19-22	Wird nicht ins Deutsche übersetzt
23/24	Eine neue Religion (Doppelband)
25/26	Der Wassermann und das Goldene Zeitalter (Doppelband)
27	Die Pädagogik in der Einweihungslehre, Band 1
28/29	Die Pädagogik in der Einweihungslehre, Band 2 und 3 (Doppelband)
30/31	Leben und Arbeit in einer Einweihungsschule
32	Die Früchte des Lebensbaums

Vom selben Autor:

Reihe Izvor

200 Hommage an Meister Peter Deunov
201 Auf dem Weg zur Sonnenkultur
202 Der Mensch erobert sein Schicksal
203 Die Erziehung beginnt vor der Geburt
204 Yoga der Ernährung
205 Die Sexualkraft oder der geflügelte Drache
206 Eine universelle Philosophie
207 Was ist ein geistiger Meister?
208 Das Egregore der Taube – Innerer Friede und Weltfrieden
209 Weihnachten und Ostern in der Einweihungslehre
210 Die Antwort auf das Böse
211 Die Freiheit, Sieg des Geistes
212 Das Licht, lebendiger Geist
213 Die menschliche und göttliche Natur in uns
214 Liebe, Zeugung und Schwangerschaft
215 Die wahre Lehre Christi
216 Geheimnisse aus dem Buch der Natur
217 Ein neues Licht auf das Evangelium
218 Die geometrischen Figuren und ihre Sprache
219 Geheimnis Mensch. Seine feinstofflichen Körper und Zentren
220 Der Tierkreis, Schlüssel zu Mensch und Kosmos
221 Alchimistische Arbeit und Vollkommenheit

222 Die Psyche des Menschen
223 Geistiges und künstlerisches Schaffen
224 Die Kraft der Gedanken
225 Harmonie und Gesundheit
226 Das Buch der göttlichen Magie
227 Goldene Regeln für den Alltag
228 Einblick in die unsichtbare Welt
229 Der Weg der Stille
230 Die Himmlische Stadt – Kommentare zur Apokalypse
231 Saaten des Glücks
232 Feuer und Wasser - Wunderkräfte der Schöpfung
233 Eine Zukunft für die Jugend
234 Die Wahrheit, Frucht der Weisheit und der Liebe
235 Im Geist und in der Wahrheit - Wie finde ich zu Gott
236 Weisheit aus der Kabbala
237 Das kosmische Gleichgewicht - Die Zahl 2
238 Der Glaube versetzt Berge
239 Die Liebe ist größer als der Glaube
240 Söhne und Töchter Gottes
241 Der Stein der Weisen
242 Unerschöpfliche Quellen der Freude
243 Das Lächeln des Weisen
244 Dem Licht entgegen

Verlags-Auslieferung

Frankreich (Hauptverlag)
Éditions Prosveta S.A.
1277, av. Jean Lachenaud – F-83601 Fréjus
Tel. 04 94 19 33 33, Fax 04 94 19 33 34
contact@prosveta.com, www.prosveta.fr

Deutschland
Prosveta Verlag GmbH
Grabenstr. 14, 78661 Dietingen
Tel. 07427-3430, E-Mail: kontakt@prosveta.de
www.prosveta.de

Österreich
Harmoniequell Versand
Ulmenweg 8, 5302 Henndorf
Tel. und Fax 06214 7413, E-Mail: info@prosveta.at
www.prosveta.at

Schweiz
Éditions Prosveta
1808 Les Monts-de-Corsier 13
Tel. 021 921 92 18, Fax 021 922 92 04
editions@prosveta.ch, www.prosveta.ch

Auslieferungsadressen für weitere Länder finden Sie unter
www.prosveta.de/informationen/bestelladressen

Wenn Sie sich für Veranstaltungen interessieren, in denen die Lehre von Omraam Mikhaël Aïvanhov vertieft werden kann, wenden Sie sich bitte an eine der folgenden Adressen:

Deutschland
UWB e.V., www.aivanhov.de, info@aivanhov.de

Schweiz
FBU, Chemin de la Céramone 13, 1808 Les-Monts-de-Corsier
Telefon 021 925 40 80, www.videlinata.ch

Österreich
UWB, Telefon 01 27 698 32
Internet: www.uwb.at, E-Mail: info@uwb.at